Moda Jeans

LU CATOIRA

Moda Jeans

Fantasia estética sem preconceito

IDÉIAS & LETRAS

Diretor Editorial:
Marcelo C. Araújo

Editores:
Avelino Grassi
Márcio F. dos Anjos

Coordenação Editorial:
Ana Lúcia de Castro Leite

Revisão:
Bruna Marzullo
Eliana Maria Barreto Ferreira

Projeto Gráfico e Capa:
Simone Godoy

Ilustração da página de rosto:
Antonio Pereira da Silva

Ilustrações no início de cada capítulo:
Douglas Almeida

* Revisão do texto conforme o Novo Acordo Ortográfico da Língua Portuguesa, em vigor a partir de 1° de janeiro de 2009.

IDÉIAS & LETRAS

Editora Idéias & Letras
Rua Pe. Claro Monteiro, 342 – Centro
12570-000 Aparecida-SP
Tel. (12) 3104-2000 – Fax (12) 3104-2036
Televendas: 0800 16 00 04
vendas@ideiaseletras.com.br
http//www.ideiaseletras.com.br

Dados Internacionais de Catalogação na Publicação (CIP)
(Câmara Brasileira do Livro, SP, Brasil)

Catoira, Lu
Moda jeans: fantasia estética sem preconceito / Lu Catoira. – Aparecida, SP: Idéias & Letras, 2009.

Bibliografia
ISBN 978-85-7698-040-7

1. Jeans (Vestimenta) - História 2. Moda - Aspectos psicológicos 3. Moda - Aspectos sociológicos 4. Moda - História I. Título.

09-07724 CDD-391.009

Índices para catálogo sistemático:
1. Jeans: Moda: História
391.009

Ao meu querido Edgard, que sempre incentivou meus desafios.
Aos amigos de sempre, Marco Sabino e Carol Garcia, pelo carinho.
Ao artista plástico Antonio Pereira da Silva e ao designer Douglas Almeida,
pelas ilustrações. Não posso esquecer também do maquiador/
cabelereiro José Carlos e do fotógrafo Pedro Manuel,
companheiros de longa data.

Dedico este livro à chegada
de Fernando a minha vida, completando,
com Victor e Henrique, os "meus três mosqueteiros"!

Sumário

Apresentação

A culpa é de Keith Haring

Nas sociedades pós-modernas, o adorno mais desejado é aquele que representa um visto de entrada garantido para um mundo onde o valor é a aparência. Afinal, quem não gosta quando, de repente, a moda tira da cartola significações peculiares e as converte em *looks* do momento? Sob esse aspecto, e considerando que cada lar brasileiro deve ter em seus armários ao menos um par de jeans, confesso que não estou fora das estatísticas. Foi justamente assim, em busca de um *look* que me colocasse alguns centímetros acima da humanidade, que conheci as diabruras *fashion* de dois personagens inesquecíveis: Elio Fiorucci e Lu Catoira. Por culpa – pasme! – de alguém aparentemente fora do circuito: o artista plástico norte-americano Keith Haring. Lembro direitinho. Foi em 1984, com a explosão do grafite, que Haring impactou o mundo da moda ao transformar um ponto de venda da grife italiana Fiorucci, em Milão, numa charmosa galeria de arte. Em um dia e uma noite, decorou as paredes com os mesmos conceitos dos murais que pintava no metrô da cidade de Nova Iorque. Para tanto, as roupas foram transferidas da loja para a galeria de arte Marconi, onde acontecia a exposição "T-show", dedicada ao fenômeno da camiseta como suporte artístico.

Nos irreverentes e coloridos anos 80, o sonho de qualquer garota brasileira informada das peripécias de Haring (e eu juro que não nasci adulta!) era ostentar dois anjinhos sorridentes no bolso de um jeans. De preferência *baggy*, garantindo a assinatura da grife mais efervescente do momento. E com as bênçãos de Lu, por anos a fio à frente de revistas como *Moda Brasil*, *Criativa*, *Moda Moldes* e *Desfile*, cujo aval era sinônimo de sucesso nas produções caseiras para as baladas da época. Afinal, eu era daquelas que não perdiam uma edição da menina dos olhos da editora Bloch, em que Lu desfilou o mesmo talento com que hoje brinda as páginas de *World Fashion*. Mal sabe ela que influenciou uma geração inteirinha. A editora com faro fino se transformou em pesquisadora, professora e coordenadora de curso sem deixar de ser jornalista. E, o que é melhor, continua compartilhando conosco sua vocação de garimpeira de novidades. Graças a esse eterno namoro com o novo, Lu nos conta, nas páginas a seguir, parte dessas histórias das quais foi também protagonista, tendo como pano de fundo a jovialidade do *jeanswear*.

O consumidor, adestrado pela necessidade imperativa de consumir sinais vitais de progresso, inicia um processo de "autoestilização", fenômeno que captura a atenção da autora e também a nossa ao longo desta obra. Advirto, caro leitor, que os comportamentos que inspiram esses movimentos de difusão de moda são dinamite pura. Claro que você já sabe que a evolução do jeans de roupa ordinária de trabalhadores em meio à Corrida do Ouro de 1849 já correu mundo e fez a fama de Levi Strauss. Mas, cá entre nós, o que pouca gente que exibe por aí as lavagens e recortes de Diesel, Replay, Seven ou Joe's conhece como Lu é a saga contemporânea que o denim tem vivido em busca de sua reinvenção. Muitos estilistas e celebridades criaram suas próprias versões, colocando seus nomes em etiquetas vistosas de calças *five pockets* e vendendo o produto por multiplicações escandalosas se o parâmetro for o preço da metragem do tecido (a Dijon que o diga!). Por outro lado, grupos inteiros, como as funkeiras cariocas, inspiraram formas para lá de sexy e re-escreveram as costuras do modelo tradicional, transformando-o em *skinny*.

Possuir um par de jeans desses tornou-se símbolo de status, sinal de pertencimento, passaporte para entrar em determinado grupo social. Nesse segmento, a competência nacional, como nos mostra a autora, é fato inegável, embora não aleatório ou restrito ao estudo do vestuário como fonte de documentação histórica. Nasce colado ao *prêt-à-porter* de marcas estrangeiras como Fiorucci e ao suor dos bailes *funk*, reinventando o jeito de vestir do jovem brasileiro e liquidificando referências para atender à demanda de consumo rápido. E aí desabrocham grupos urbanos distintos, jeitos de ser e de se vestir, prato cheio para *coolhunters* e gurus de tendências, cujas tarefas, por vezes ainda misteriosas para boa parte dos consumidores de novidades, também são objeto de reflexão da autora.

Ao longo desta obra, Lu mostra como, penalizada por uma reputação de frivolidade inerente ao propósito comercial de fabricação em escala, a moda equilibra-se entre duas facetas opostas, embora ao mesmo tempo siamesas: a necessidade da padronização e o desejo de individualização. Enquanto a indústria de vestuário busca a efemeridade em resposta às necessidades imediatas da sociedade de consumo (cada vez mais aceleradas em função dos rápidos deslocamentos de tempo e das modulações provocadas pelo progresso tecnológico), a longevidade, nos ensina a autora, pertence aos criadores. Ou seja, está nas mãos de quem quiser inventar moda. Neste momento, nas suas. Basta virar as páginas e embarcar, com Lu, nas inúmeras possibilidades de reinvenção que a moda oferece.

Carol Garcia
Jornalista, doutoranda em Comunicação
e Semiótica na PUC-SP e diretora científica
*da Modus Marketing e Semiótica (*www.modusmkt.com*).*
Colabora com as revistas Dobras, L'Officiel Brasil
e World Fashion, nas quais tem o prazer de dividir
algumas páginas com Lu Catoira.

Prefácio

O jeans é um dos elementos da moda que ajuda a contar a história dos grupos sociais através da linguagem e dos códigos do vestir.

No mundo de hoje, em todos os segmentos e grupos das sociedades, constatamos a presença do jeans, que, como um código, é reconhecido pelo universo dos indivíduos que atuam na mesma sintonia. No supermercado contemporâneo de estilos, o jeans, um tecido rude, de certo modo até agressivo à pele, conseguiu ultrapassar um século e meio de vida, contando uma história em que sempre esteve ao lado dos jovens. Foi pelo desejo de o indivíduo ser igual aos componentes de seu grupo? Pela necessidade de atender à sua individualidade ou ainda por ações estratégicas do marketing utilizadas para despertar o desejo pelo produto?

O jeans, por si só, representa a expressão da individualidade e dos valores da cultura e invade caminhos diversos. De um lado seduz pelas fantasias estéticas que propõe. De outro, é o próprio elemento comunicação, divulgando e manipulando as escolhas individuais.

A pesquisa histórica do jeans envolve desde a linguagem como um código até a forma e os desenvolvimentos do tecido. Na pulsação atual nas grifes e na cadeia têxtil brasileira, o jeans não abole as diferentes simbologias das marcas, mas reduz as desigualdades extremas, ajudando a entender esse mercado consumidor através da identificação e da individualidade.

Lu Catoira

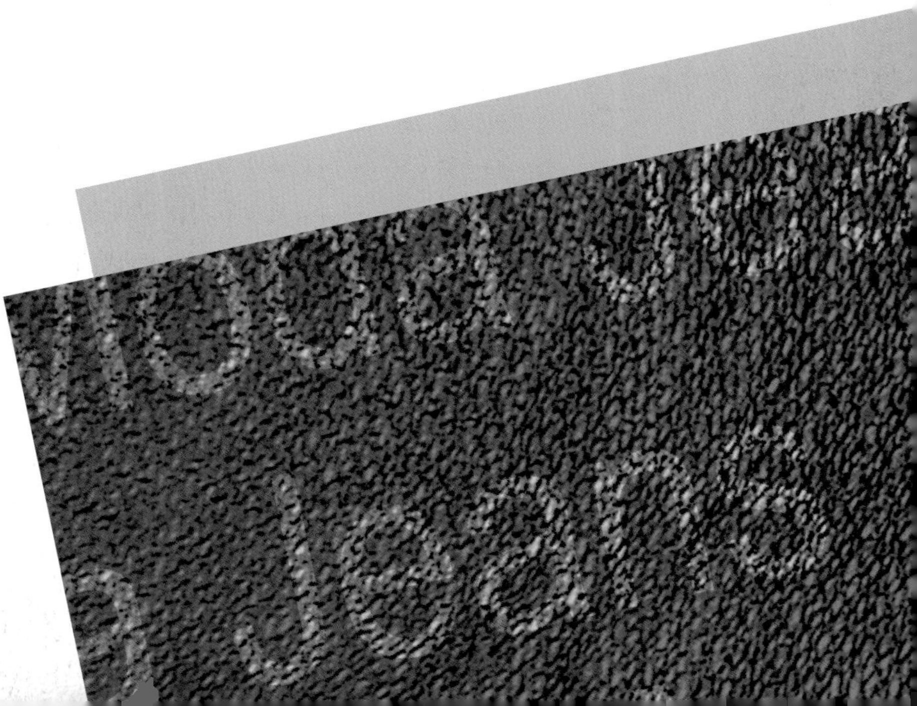

Fantasias estéticas

"Moda é tudo aquilo que sai de moda."
Jean Cocteau

A moda é uma leitura de comportamentos. Na viagem pela história da indumentária e na contemporaneidade das vestimentas, a moda deve ser vista não como experimental, mas como algo que faz parte do dia-a-dia de qualquer um na paisagem urbana. Dinâmica, ela mantém um fluxo mutável da forma, apresentado por pensamentos, culturas e valores. Assim, deixou de ser vista como algo fútil e superficial para se tornar um indicador temporal das aparências de identidades visuais.

O ritmo da moda é irregular e próprio. Mudando seus elementos, ela ganha a multiplicidade de uma moda aberta, potencializada como dinâmica da comunicação na qual o corpo é o elemento de mídia.

Congregando estética e sedução, a moda, como produto industrial e de comunicação, produz muitos visuais de estilos e formas que podem conviver harmônica e simultaneamente. Cada grife acaba sendo conhecida no universo da moda por seu estilo, como, por exemplo, o minimalismo da Prada; Courrèges e seu modernismo; o *lifestyle design* de Calvin Klein, Muggler e a mulher performática; Gaultier com o estilo irônico; as arquiteturas conceituais de Miyake; o *casual* da Diesel e as superposições de Yamamoto.

A contemporaneidade da moda pode ser analisada através de reportagens e das imagens na mídia em geral. Jornais, revistas, peças de teatro e cinema são os grandes divulgadores, junto a parceiros como televisão, vitrine, outdoor e internet – que mostra *"ao vivo e em cores"* a moda como notícia.

Com o aumento de leitores, espectadores e internautas, as informações de moda proliferam-se com muita rapidez através dos meios de comunicação. Os apresentadores da televisão têm roupas escolhidas por consultores de moda, assim como os figurinistas atuam diretamente na composição visual dos personagens de novelas, dos atores nas peças de teatro e no cinema, e dos cantores ou grupos musicais. São processos que determinam o que vestir, como se comportar – enfim, qual personagem vai ser produzido para enfrentar a mídia.

Muitas vezes, a quantidade e a variedade de informações são tantas que não há tempo de decodificar a mensagem, pois ela já se tornou passado. Talvez por isso mesmo alguns indivíduos fiquem inseguros na escolha do que vestir no meio social e solicitem auxílio de um vendedor no ponto de venda ou o trabalho profissional de um consultor de imagem – conhecido como *personal fashion.*

Com a evolução da informática e a diversidade da mídia, os jovens buscam os símbolos coletivos para participar da integração da vida social, envolvendo-se em processos miméticos, compartilhando valores da vida de artistas, modelos e gente famosa. Os veículos de comunicação divulgam em forma de notícia o sucesso de certos personagens e criam-se, a partir daí, os modismos que atingem a população em geral.

A cantora Madonna, por exemplo, foi vestida no final dos anos 80, em seus shows, pelo estilista Jean Paul Gaultier e se apresentava com um vestuário erótico, que brincava com a sensualidade do corpo. Usava, ao lado das lingeries exóticas, entre outras matérias-primas, o jeans desconstruído em sua essência. O visual desfiado e rasgado foi incorporado por amantes do mito Madonna como um verdadeiro fetiche.

Dinâmica do jeans

"É na moda que melhor se pode ler o espírito da modernidade."
Roland Barthes

As formas mais expressivas da moda são localizadas no tempo e procuram interpretações sociais. O jeans, por exemplo, sem perder sua função original de cobrir o corpo, é resistente, de fácil lavagem, tem caráter utilitário, é um nivelador social e tem uma linguagem codificada. Esse é o poder da comunicação que, através das informações, globaliza os costumes de "tribos", popularizando novos mitos, em todas as regiões do planeta.

Neste século, o indivíduo não é o princípio e o fim do todo social – como acreditam os individualistas –, mas sim a comunidade. A sociedade tem mais espontaneidade, e isso se distingue no modo de vestir. O jeans, com mais de um século e meio, transcende a tudo, e os indivíduos incorporaram-no, pois é, na verdade, um identificador social. É um sonho da igualdade estética do "parecer mais jovem, esportivo".

A imagem não pode ser desvinculada da economia – estrutura industrial, comercial e do marketing –, que lhe dá a base de apoio e que gera a movimentação do consumo, ressaltando o julgamento estético e a dinâmica do mercado como estratégias de negócios.

CARACTERÍSTICAS (o que é visto)	BENEFÍCIOS (o que gera valor de compra)
COR	– tendência / moda – coordenação de peças e acessórios
MODELAGEM • Slim • Regular • Oversized	– tendência – biotipo – conforto / flexibilidade – coordenação de peças e acessórios
COMPOSIÇÃO	– maciez / leveza / toque – qualidade / conforto / durabilidade
BENEFICIAMENTOS lavagens / apliques / bordados / botões	– agregam valor – diferenciam o produto

O jeans está ativamente vivo na moda porque continua a ser um denominador comum dos indivíduos e seus grupos, ao mesmo tempo que permite atender às necessidades da individualidade. Ninguém compra apenas por comprar. Atrás dessa escolha estão envolvidos estudos de desejo e demanda do público-alvo, técnicas de comercialização, serviços, experiências, organizações, informações e ideias.

No universo *fashion*, o jeans já passou por modelagens especiais, sem esquecer o modelo *five pockets*, considerado um clássico na moda. Na articulação entre o corpo e a moda, as formas invadiram o imaginário, ganhando larguras, volumes, alturas e comprimentos variados, de acordo com a estética de cada época e, em particular, de grupos. Podemos sinalizar alguns modelos que marcaram cada época, sem perder o caráter do jeans, como as calças cigarretes, justas e mais curtas, dos anos 60; as pantalonas, com as pernas aumentando dos joelhos às canelas; as *fuseux*, com pernas justas e afuniladas e uma alça prendendo às solas dos pés; calças com cintura alta, cintura baixa, além de saias e blusas de todos os tipos, jaquetas, casacos, conjuntos, macacões, macaquinhos, shorts, lingeries e até biquínis. O jeans é matéria-prima também de acessórios como bolsas, sapatos, sandálias, faixas e cintos.

O consumidor pode buscar o tradicional modelo *five pockets* ou produtos diferenciados como o jeans *engineered*, da Levi's. Como diz o nome, o design da *engineered* pode ser visto como uma nova comunicação funcional que visa ao conforto – é uma calça jeans com modelagem ampla, o que permite livres movimentos, uma verdadeira engenharia em termos de composição do tecido e de forma, que acompanha a anatomia do corpo. Numa visão de novo século, o jeans já não nasce mais de um simples desenho de moda. Ele faz parte de um projeto de design.

Outro diferencial é que a moda agora é ser ecológico. E o jeans não poderia estar fora disso. Algumas experiências têm sido feitas com sucesso, como a da grife carioca Equatore, que substituiu o processo de lavagem por um novo processo, no qual o jeans recebe uma resina natural para fixar a cor e lixas ou prensas dão o tom do desgaste do tecido.

Por ser um produto multiforme que pode mudar e renovar-se constantemente, o jeans fincou raízes, sem saturação. E é exatamente por isso que vem sendo trabalhado na pulsação atual das grifes e da cadeia têxtil brasileira pelo marketing das empresas, que utiliza estratégias específicas para cada público e estimula a carga emocional que envolve o consumo para despertar o desejo do produto.

Para a temporada 2008/2009, por exemplo, as novidades têxteis foram muitas. A tecelagem Canatiba registrou duas marcas: o Premium Denin® para os jeans rígidos e o Megaflex® para a linha com elastano. Para a mesma estação, a tecelagem Cedro uniu o efeito *confort* com a película pérola no jeans Cedroquartzo Stretch. A Santana Têxtil, por sua vez, trouxe o jeans Fit, mais leve para atender às modelagens extremamente justas, e o Magic 14, com estrutura mais pesada para produtos de decoração e mercado externo. Já a Santista Têxtil/Tavex mostrou preocupação com o meio ambiente e as apostas foram para os puros índigos Isis Lazuli e Atlas Lazuli. Cores e acabamentos especiais também fazem parte da Vicunha, com resinados R-System, linha stretch Elastic e a Reflex com efeitos metalizados.

Além disso, as tecelagens nacionais têm investido em pesquisas constantes para oferecer novos desenvolvimentos em seu produto jeans, tanto no processo de fabricação como em valores agregados. Um bom exemplo, é mostrado nos tecidos anti UV, antibacterianos e os produzidos com PETs.

É o gosto etiquetado pela cultura empresarial, uma fantasia estética de sedução e expressão. Por esse dinamismo, é difícil imaginar que o fenômeno do jeans possa, algum dia, desaparecer. Um exemplo disso foi a divulgação do lançamento da fibra Alya ECO, da Rhodia-ster em parceria com a M.Officer, em setembro de 2004:

Primeira coleção exclusiva de jeans produzida com PET reciclado

Parceria das três empresas, com participação da Coopa Roca – Cooperativa de Artesãs da Rocinha - resulta numa coleção exclusiva de jeans que concilia moda, inovação tecnológica e responsabilidade social

A Rhodia-ster está lançando, em parceria com a Santista e a M.Officer, o Projeto Alya ECO, uma iniciativa envolvendo empresas líderes nos seus segmentos, que vai colocar no mercado brasileiro a primeira coleção exclusiva de jeans produzido com a fibra Alya ECO feita de PET reciclado, misturada com fibra de algodão também reciclado.

Após reciclagem Fardos de PET viram fibra têxtil

Desenhada por Carlos Miele, estilista e dono da M.Officer, a coleção será mostrada ao público durante a São Paulo Fashion Week e no início da próxima estação estará disponível em 584 pontos de vendas, incluindo 80 lojas próprias e franqueadas da M.Officer e 500 lojas multimarcas nas principais cidades brasileiras, além da Browns, em Londres; Barneys, em Nova York; Maria Luiza, em Paris; e Joyce, em Hong Kong.

A marca Alya foi lançada em janeiro deste ano, durante a primeira edição da São Paulo Fashion Week, surgindo como uma nova família de fibras que vem sendo desenvolvida desde 1996, caracterizada por avanços tecnológicos, com atributos inovadores e performance diferenciada.

Fibra produzida a partir do PET

Tanto que o primeiro produto desta nova marca, a Alya ECO, foi vencedora do II Prêmio ABIT Fashion, promovido pela Associação Brasileira da Indústria Têxtil e de Confecção, na categoria Inovação Tecnológica.

Alya ECO é uma fibra de poliéster produzida com 100% de PET reciclado, com 1,4 dtex (20% mais fina do que uma fibra de algodão), e que tem características técnicas excelentes e um forte apelo ambiental em função da sua origem reciclada. Como toda fibra poliéster, Alya ECO pode ser combinada com algodão, viscose, linho e outras fibras que valorizam o caimento, proporcionando maior conforto, resistência, beleza e melhor toque.

Graças a essas características, Alya ECO foi escolhida pela Santista (empresa também vencedora do II Prêmio ABIT Fashion na categoria Meio Ambiente), para produzir um novo tecido índigo onde a mistura da fibra de poliéster com a fibra de algodão, conferiu ao tecido uma melhor estabilidade dimensional, o que vale dizer que não fica torcido no corpo, proporcionando um caimento perfeito, toque macio e textura agradável, com nível de conforto adaptado ao clima brasileiro.

Este novo tecido utiliza, em parte de sua composição, fibras de algodão recicladas, obtidas por meio de um processo especial de transformação, no qual são recuperados tecidos usados, fios de algodão e retalhos de confecção, transformados novamente em matéria-prima. Com isto, poupam-se recursos naturais e energéticos, contribuindo para preservação ambiental.

Fonte: Roberto Custódio – Rhodia – Assessoria de Imprensa

***Nota do Editor: Disponível em www.reciclaveis.com.br/noticias/00107/010705jeans.htm**

Complexidade do desejo

"Não existe mais a moda,
mas o modo de cada um."
Elio Fiorucci

A sociedade industrial despertou os conceitos de modelo, série, eficiência e qualidade e trouxe para os homens a complexidade do desejo de produtos e serviços. O consumidor pode ser identificado em três diferentes momentos: nos anos 60, ele compra para ser reconhecido, informado e superficialmente feliz. A partir dos anos 70, o consumo compensa o mundo real e o imaginário do indivíduo, enquanto que no terceiro momento, já na década de 90, o consumidor compra pelo prazer individual.

Em pesquisa realizada em final de 2000, a Rhodia selecionou os diversos tipos de consumidores e visou segmentar a população conforme sua relação com o vestuário no contexto social, nas décadas de 80 e 90. Esse estudo foi realizado entre homens e mulheres, de 14 a 60 anos, das classes econômicas A, B, C e D, nas cidades de São Paulo e Rio de Janeiro.

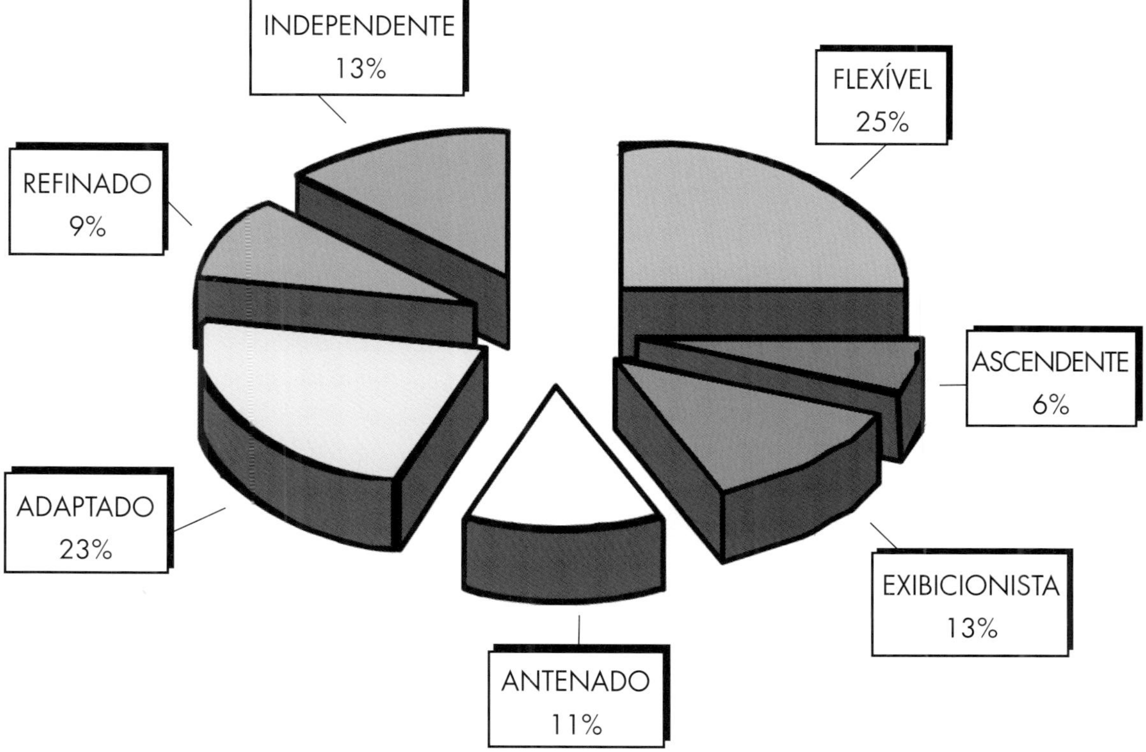

A pesquisa relacionou sete segmentos *Psicográficos* – determinados por significado e atributos do vestuário. São eles: flexíveis, adaptados, exibicionistas, independentes, antenados, refinados e ascendentes, cada qual com características observadas durante as apurações de dados.

O resultado desse trabalho da Rhodia mostra que, respeitando o estilo da cada um, a moda compensa a insegurança do indivíduo, produzindo efeito no meio social, e o ajuda a sustentar o sucesso. Essa pesquisa pode ajudar as empresas a determinar quem é seu consumidor, para melhor posicionar seu produto no mercado e escolher o melhor canal de comunicação para sua marca.

Flexível	Marca a presença com produtos diferenciados, mas adequados à idade.
Adaptado	Busca o equilíbrio entre as exigências do meio e a satisfação pessoal.
Exibicionista	Independente da adequação à idade, quer ver o efeito que vai causar no meio social.
Independente	O visual é fonte de satisfação pessoal; é um tipo personalista.
Antenado	Está sempre "por dentro" das novidades da moda.
Refinado	Exige produtos de qualidade, elegantes e adequados à sua idade.
Ascendente	A roupa é para cobrir o corpo e precisa ser confortável; preocupa-se pouco com a moda.

Ainda sobre pesquisa entre públicos consumidores, o Future Concept Lab, sediado em Milão, mostrou no 1° Seminário de Comportamento e Consumo, em 2006, no Rio de Janeiro, organizado pelo Senai-Cetiqt, que num futuro próximo o poder ultrajovem tomará conta do mercado de consumo mundial. Mas, segundo o pesquisador e presidente da empresa, Francesco Morace, os jovens que comandarão esse processo estarão em apenas quatro países: Brasil, Rússia, Índia e China, o chamado BRIC – onde há crescente influência das novas gerações nos hábitos de consumo.

O Brasil é destacado pelo enorme futuro no mundo globalizado, em que o consumo adquire também o papel de guia e, sobretudo, de catalisador de experiências e de energias que permitem amadurecer novas e imprevisíveis oportunidades.

Na pesquisa, foram determinados seis públicos consumidores:

PÚBLICOS DEFINIDOS PELO FUTURE CONCEPT LAB	
Posh Tweens	Pré-adolescentes que interpretam estilos homólogos e reconhecíveis. Amam novidades e referências estilísticas de um imaginário muito próximo ao mundo adulto.
Expo teens	Exuberância criativa, paixão fashion. Vivem a própria identidade como "exposição" midiática e com sensibilidade, usam os códigos das tribos.
Sense Girls	Classe de jovens mulheres com faixa etária entre 25 e 35 anos, refinadas, exóticas e com sensibilidade intuitiva. Elas sonham com um bem-estar extraordinário, um equilíbrio psicofísico com harmonia, gesto e gosto narrativo.
Singular Women	Mulheres mais audazes, a partir dos 35 anos, seguras de si mesmas e conscientes da própria força e da potência sedutora. Utilizam códigos expressivos: do mito da *femme fatale* à transgressão erótica.

DeLuxe Man	Estilo de vida "afluente", seguindo as lógicas do luxo. Vivem sob o entusiasmo e a tensão do paraíso do consumo do que é belo, bom e com prestígio.
Tripping Seniors	São os *boomers* que hoje não aceitam os valores e comportamentos da terceira idade. Abraçam desafios cotidianos e regeneração estética através de experiências maduras, inseridas no presente.

Em 2007, dando sequência à pesquisa, o Senai-Cetiqt realizou o 2° Seminário de Comportamento e Consumo com o Future Concept Lab que, depois de definir os novos públicos consumidores, provou que há um surrealismo no consumo. Cada vez mais, as lojas deixam de ser simples pontos de venda e se tornam laboratórios que permitem aos consumidores experimentar a relação de produtos e marcas – um processo relacional e emocional. É o desejo das pessoas em dividir informações, experiências ou simplesmente ocasiões de consumo. Isto se exprime no mundo da tecnologia através do retorno da convivência, na cultura, com o sucesso dos festivais urbanos e dos grandes eventos em que as pessoas participam produzindo emoções coletivas.

O resultado aparece no vestuário e no design com o sucesso de produtos e estilos que contemplam a troca, a participação, o reconhecimento recíproco, e não apenas o status pessoal e o prestígio individual – típicos valores dos anos 80 e 90.

O Future Concept Lab, nas pesquisas que vem realizando, conclui que o consumo passou pela "Economia do Olho", em que enfatizou o estilo de vida (*lifestyle*) na centralidade da moda, na fascinação estética e na imagem da mídia. Essa fase teve início nos anos 80 e se estendeu até o fim do século passado, com o chamado monólogo narcisista dos três Ms (moda, mídia e "me" – "eu", em inglês). Segundo o sociólogo Francesco Morace, do Concept Lab, o mundo está passando a viver a fase da "Economia da Língua", marcada pelo estilo de pensamento (*mindstyle*), a relevância do gosto, o senso do corpo e a paixão erótica. Uma fase de diálogo e escuta, com predomínio de três Es (expressão, emoção e erotismo).

TENDÊNCIAS DE CONSUMO E DO VAREJO

MOVING EFFECT	Uma nova relação entre a casa (o sujeito) e a cidade (o coletivo). Uma requalificação de territórios em que a cidade torna-se um laboratório para a inovação criativa e sensibilidades coletivas emergentes; uma estimulação sensorial visando a experiência de vidas. Um varejo moderno com a excitação de um local de convivência, com liberdade de tocar e experimentar – o cliente é estimulado a escolher itens originais e criar seu estilo.

CHOICE EXCITEMENT	Ruptura de códigos criando vínculos novos. A escolha da compra distancia-se do capricho e da pressão da mídia, passando a ter valor psicológico, com produtos acessíveis, democráticos e excitantes. É pagar menos e ter mais. Interpretando os ícones de consumo e da tecnologia através de pontos de venda e de sites de relacionamento (onde há compartilhamento de experiências).
POCKET EXPERIENCE	Propostas condensadas no prazer. É o ambiente do novo básico, democratizando um serviço ou produto que era tradicionalmente exclusivo de ricos. Contudo, fugindo das armadilhas do luxo ostensivo, valorizando as qualidades estéticas e funcionais, concentradas, típicas de produto de bolso.
TASTE EMPOWERMENT	O gosto como forma de personalização e percepção sensorial. Lojas com o novo luxo, e o consumidor sendo motivado a percepções culturais e estéticas dentro do espaço físico. São as lojas-conceito, criadas com materiais e formas que permitem um jogo interpretativo pela cultura do gosto, tornando o consumidor um ator em um cenário sensorial, discreto e acolhedor.

UNIQUE & UNIVERSAL	Dimensão, surpresa e inovação através da redescoberta de raízes. Descobrir o valor de arquétipos culturais, criando linguagens que compõem um código de compartilhamento. Atribuir identidade a um produto antigo com novo olhar.
SURPRISING ENDURANCE	Novo étnico, com produto de uso comum ou de outras culturas que fazem a ponte temporal entre o passado e o futuro. O consumidor ligado à memória coletiva e nostálgica. Reinterpretações criativas das marcas, inventando novas ritualidades. Produtos que expressam valores de qualidade e de beleza através da garantia e tradição.
FAIR EXTENTION	A ética como aspecto base, integrado e transparente das empresas. Repensar processos inteligentes visando o consumidor atento e informado. Comércio com plano de distribuição de produtos – locais do país –, com qualidade, que respeitam materiais e processos tradicionais que estejam em sintonia com o consumo moderno.
PUSH-BUTTON EXPERTISE	Inteligência conectiva, compartilhando valores, unindo o boca-a-boca através do network. O espírito empresarial da nova geração da internet. Atitude de querer experimentar com carga energética e provocando popularidade.

As necessidades humanas são moldadas pela cultura e pelas características individuais. As pessoas têm desejos quase infinitos, mas recursos limitados. Portanto, elas devem escolher produtos que proporcionem o máximo de satisfação possível em troca de seu dinheiro. Quando viabilizados pelo poder de compra de cada um, os desejos tornam-se demandas. Como o produto é o resultado de um processo, ele se apresenta como resposta a desejos e/ou necessidades dos consumidores – sejam eles individuais ou coletivos.

Produtores e consumidores fazem parte do fenômeno econômico-administrativo e passam a buscar o diferencial em preço, qualidade, design e valores agregados ao produto, abrindo o diálogo entre a produção e o uso. Para isso, são necessárias estratégias de concorrência, pontuando vantagens e estetizando a venda.

Utilizando imagem, símbolos, linguagens e sons, a publicidade alicia, mas também aliena o indivíduo, criando situações e surpreendendo a sociedade tecno-industrial-consumista. Por isso é tão importante o momento da produção de mercadorias para o consumo em massa, como também o da promoção através da publicidade – ferramenta de comunicação que induz o desejo do indivíduo.

Tomando por base uma comparação entre as ciências que estudam o comportamento dos indivíduos e as questões práticas de marketing, quatro itens devem ser estrategicamente cuidados. O primeiro é facilitar o desenvolvimento de produtos com diferenciais competitivos; o segundo é descobrir as múltiplas fontes de influências nas escolhas dos consumidores; o terceiro é criar campanhas promocionais e publicitárias eficazes, e a quarta, desenvolver a fidelidade da marca.

Como a moda é um produto, essas questões se tornam relevantes, destacando a difusão das inovações e motivações, estudando os diferentes comportamentos e necessidades, processando as informações, escolhendo qual o tipo de comunicação usar e pesquisando no pós-compra a fidelidade de marca.

Inovação, tecnologia, ousadia e vanguarda são atributos intrínsecos da moda que podem ser percebidos claramente no lançamento de coleções. Lembremos que a informação de moda está na ponta da cadeia têxtil. Os *bureaux* de moda, que trabalham (com dois anos de antecedência para fios e cores e um ano e meio para as formas) com pesquisadores e analistas, incluíram em suas equipes os especialistas em marketing de moda – para levantar as tendências de comportamento dos grupos de consumidores.

Érica Palomino, em *A Moda*, lembra que "a hegemonia dos bureaux e a ditadura da moda foram abalroadas pela ascensão do individualismo com as chamadas tribos urbanas, nos anos 80, e a explosão da moda jovem nos anos 90".

O designer de moda não dita regras se não acompanhar o que seu consumidor deseja. E no mercado competitivo é necessário buscar ações de marketing para que o público seja informado e motivado a conhecer e desejar o produto de uma grife. O mercado de moda procura estratégias que possam ajudar a chegar ao consumidor e à mídia. Podemos citar, como exemplo, a formação de grupos de estilistas brasileiros que se uniram para serem reconhecidos no mercado. Assim aconteceu com o *Moda Rio* (anos 70) e os grupos *Mineiro de Moda, Rio Idéia, Cooperativa da Moda* e *Grupo São Paulo* (anos 80 e 90), que conseguiam apoio de empresas para a realização dos eventos.

Exibição mágica

"A roupa está na moda de acordo com sua época e cultura, como construção de linguagem que se manifesta sobre o corpo."

Kathia Castilho

A expressão da individualidade humana e os valores culturais das sociedades foram os responsáveis pelo desenvolvimento da moda que, no decorrer do século XX, elaborou um sistema que continua em expansão e que permitiu a redução de distâncias sociais.

As primeiras fragmentações do "sistema moda" foram sentidas após a Segunda Guerra Mundial, com rupturas de regras e convenções sociais e o surgimento de uma proposta para jovens, vista até como moda marginal e minoritária. Essas mudanças são conhecidas como as antimodas que procuravam um lado quase vândalo para os padrões da época, com os códigos multiplicados expressivamente pela cultura jovem anticonformista, dentro de um sistema mimético.

Esse foi o início de uma moda jovem, dirigida aos adolescentes, em que o jeans surge e se estabelece como um signo de sedução/expressão. O sociólogo Gilles Lipovetsky afirma que essa sedução pode ser vista como uma exibição mágica e que é a busca pelo efêmero e pela fantasia estética – uma embriaguez pela liberdade, escolha individual e diferenciação de formas. Os estilos e sua carga psicológica podem permanecer por tempo indeterminado, excitando e seduzindo.

Imitação e diferenciação são os dois movimentos que fundamentam a mudança na moda observada por dois códigos distintos: a individualidade (quando cada um parece único) e o mimetismo mecânico (quando faz muitos parecerem iguais). A difusão da moda se faz verticalmente, das classes mais altas, que têm poder de compra, às menos favorecidas, que consomem pelo poder imitativo – da busca pelo status. O mimetismo acontece na adaptação do visual ou seguindo rigorosamente o momento ou o grupo – unido pelo sentir em comum e o laço coletivo.

Podemos considerar também como um código da moda o conflito entre os egos externo e interno, como observa Alison Lurie quando explica que a camada superior da roupa pode representar a pessoa pública e a de baixo, seus desejos ou medos privados. Os adolescentes, por exemplo, se diferenciam com camisetas de malha ou camisas, em cores e estampas, e vestem o jeans que os deixa quase idênticos, abaixo da cintura.

A moda, como uma imagem visual que se comunica através das vestimentas, traduz quem é o indivíduo, seu sexo, além de idade, classe social, origem, personalidade, gostos e até humor. Assim, a moda, utilizando formas como códigos, interpreta e reinterpreta fenômenos culturais, políticos e sociais. O jeans, como uma roupa, tem um código estético que incorpora o social, influenciando o estilo de vestir indiscriminadamente assumido pelos jovens.

A moda utiliza uma rede de sentidos, formas, imagens, signos e palavras que ficam entre o objeto e seu usuário. Dessa maneira, o jeans, dentro das funções da moda, passou de um signo de trabalho (era originalmente uma roupa usada no trabalho) a um signo social (uma roupa de lazer).

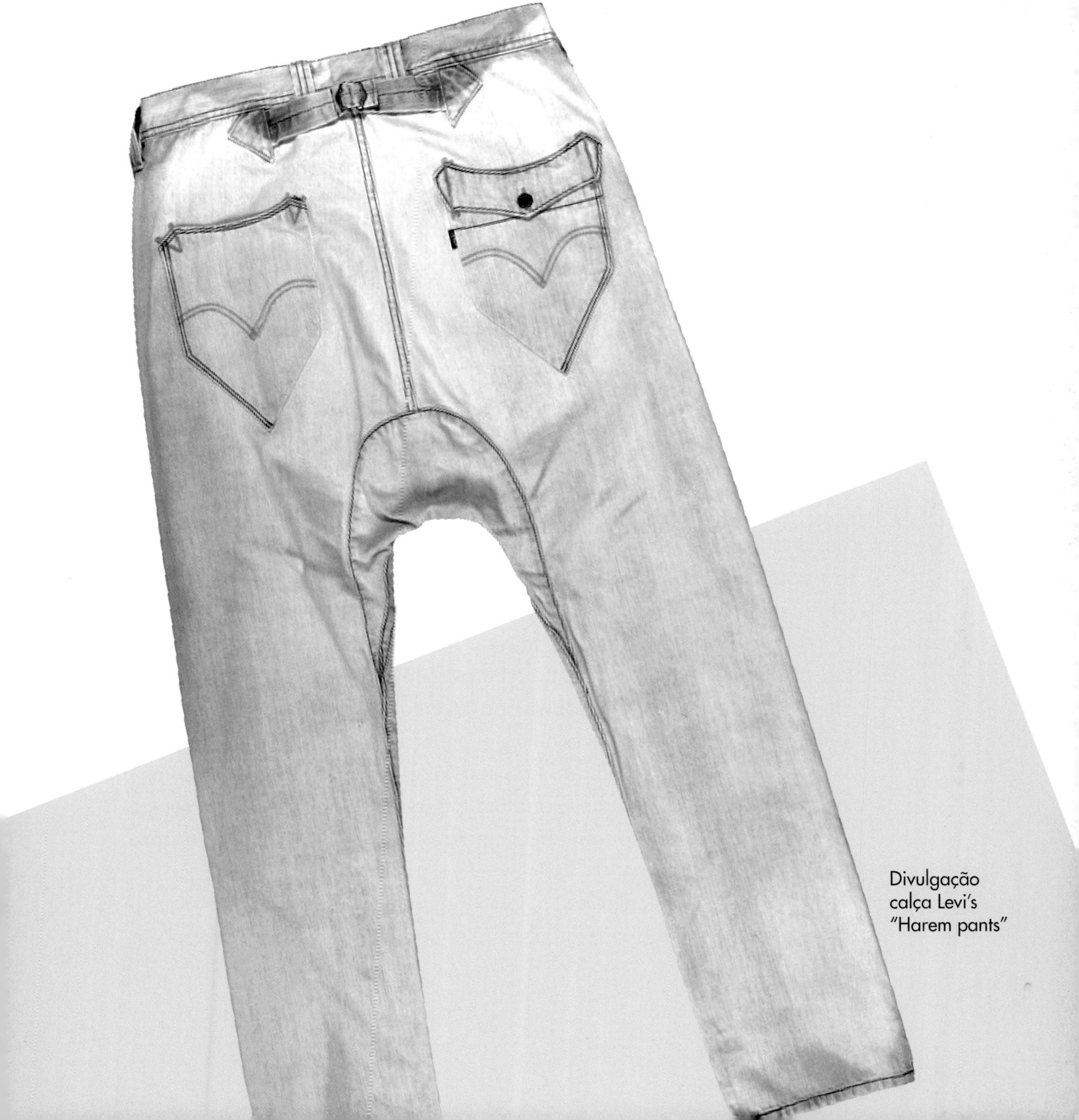

Divulgação
calça Levi's
"Harem pants"

Sintoma neurótico

"Os valores morais enobrecem a moda e glorificam o ser humano,
um sintoma neurótico, em que as emoções irreconciliáveis
são a modéstia e o desejo de atenção."
J. C. Flügel

A consciência seleciona de acordo com a razão e o conhecimento, enquanto que o inconsciente parece ser dirigido por tendências instintivas, através de ritos e outros apelos à emoção das massas (Carl Jung). Mas, ao mesmo tempo em que o jovem procura identificar-se com seu grupo, parece conviver com um estranho sentimento de impotência.

Foi precisamente esse o roteiro do filme "Juventude Transviada", um drama de Stewart Stern, dirigido por Nicholas Ray, em 1955. Para o papel principal, foi escolhido o ator James Dean, que divulga essa impotência nas telas do cinema. A imagem frágil e sedutora do jovem americano vestindo jeans e camiseta fez com que ele fosse considerado por muitos como um ícone cultural, como a melhor personificação de rebeldia e angústias próprias da juventude da década de 50. Para Jung, um sofredor que personifica o "mito do herói": um indivíduo que vive diante da impossibilidade de satisfazer as pretensões excessivas e que, apesar de toda sua racionalização, continua a viver com crenças e medos que se conservam em contato íntimo com inquietude e apreensões.

Nos contágios coletivos, o homem que está só, por medo de o considerarem tolo, entrega-se a impulsos que, na verdade, não lhe pertencem.

E a roupa como o signo de um jogo do vestir no complexo conjunto de ações, regras e processos, une estética e harmonia, fazendo com que a pessoa escolha o que quer representar.

As crianças, enquanto bebês, apresentam uma imagem totalmente manipulada. Passando dessa fase, elas começam a interferir em seu vestuário, num processo mimético. Vão desejar as sandálias da Xuxa, a camiseta do Batman ou da coleção Hot Wheels, a escova de dentes do Bob Esponja, os tênis do Homem Aranha, os óculos da cantora Sandy, o relógio dos Power Rangers. O segmento de confecção infanto-juvenil, apostando na vontade da criança, tem dirigido suas mensagens comerciais diretamente a seu público alvo. As empresas elaboram um produto e elegem um ídolo para a mídia fazer sua parte – de divulgar o produto com o valor agregado que é o parecer ou, na imaginação das crianças, sentir-se o próprio ídolo sugerido. O mundo infantil é invadido por mensagens publicitárias que manipulam as escolhas através do processo de imagens coletivas.

A empresa carioca Bicho Comeu – da empresária Solange Meneghel – é um exemplo de explosão de consumo infantil. No final dos anos 80, a grife propôs para as crianças, através de um ídolo televisivo – Xuxa, irmã de Solange –, botinhas de plástico, sandálias com saltinho, roupas em tecidos sintéticos, couros *fake* e muito jeans. Apesar de não serem exatamente confortáveis, o apelo mimético foi maior, e as crianças colocaram sua vontade de consumo, tornando-se o público-alvo da grife. Nos anos 2000, acompanhando a evolução de sua clientela, a empresa lançou a etiqueta BC Girls com moda para as consumidoras pré-adolescentes.

Divulgação Bicho Comeu
e BC Girls

Outro exemplo é o da Vide Bula Júnior, que vem conquistando seus consumidores com influências da cultura da rua. No estilo dos skatistas, as camisetas e calças são amplas, com efeitos e estampas bem urbanas.

O início da disputa para a livre escolha do que vestir, que seja compatível com seu grupo, acontecia no período de adolescência. Hoje, até pela influência da mídia, e principalmente nas sociedades modernas, essa escolha já começa na infância. E é bem por isso que se pode notar um comportamento usual, principalmente entre os adolescentes, de trocar inocentemente peças de roupa entre eles, numa afirmação de amizade, mas também de identidade, já que têm a mesma linguagem e expressam as mesmas ideias.

Uma peça de vestuário pode ter seu significado levando em conta os fatores históricos, morfológicos e psicológicos. Que, na concepção do semiólogo Roland Barthes, é o fato de que fazem da identidade do vestuário um modo de mostrar as relações de um sistema de aparência e do mundo. As roupas convenientemente usadas por todos de um grupo, pelo simples fato de serem reconhecidos como integrantes desse grupo, representam uma força emocional que não necessita refletir diretamente os sentimentos de qualquer um que a vista. Essas roupas já estão na mídia e na concorrência por prestígio da sociedade.

Observando as formas de vestir de uma tribo, é possível reconhecer os mais diversos sentimentos, como agressão, tédio, esperança, liberdade, que estarão expressos pelas roupas usadas por esse grupo ou mesmo por integrantes que não estão, naquele momento, tendo esses sentimentos.

A incorporação da personalidade no todo do social usa o corpo como expressão pessoal. É o momento em que permanecem resguardados os direitos do indivíduo em uma ordem social determinada pela sociedade. Como revelam os estudiosos, apesar do inconsciente coletivo, que atua no processo mimético, não se pode esquecer o outro aspecto relevante na moda, que é o do individualismo – particularizado como pertencente a uma família, classe, regime político e religião. Assim, a moda tem um extraordinário poder de fazer com que cada pessoa sinta-se verdadeiramente única, mesmo que outras se vistam de maneira parecida. É o que se conhece como a espiral individualista da pós-modernidade, que soma o culto ao corpo, o código psicológico e as relações sociais, tudo voltado para a vida cotidiana, para a aparência e para a identidade (Gilles Lipovetsky).

Essa lógica não destrói a cultura do passado, mas faz com que ela perca sua força de imposição e considere a perspectiva da liberdade individual. A tendência contemporânea do individualismo não é mais a procura absoluta da originalidade. É a de refletir a personalidade do consumidor.

A informação e a mídia fazem parte da lógica da moda hoje. Um exemplo é o do jeans brasileiro, que faz sucesso no mercado internacional devido às suas variantes. Em 2004 o País faturou US$ 144 milhões com a exportação e está entre os maiores produtores mundiais, segundo o Instituto de Estudos e Marketing Industrial, o IEMI. A moda tornou-se um valor de compra, e o consumidor está sempre motivado a algo de novo.

O valor de uso das mercadorias motiva os que aspiram a posição e diferença social. E essas mesmas mercadorias perdem seu valor à medida que aumenta o número de compradores – o que ocasiona a necessidade do que pode ser considerado um produto novo. E é bem por isso que a moda sempre está em processo de mudança.

Contágios coletivos

"A roupa como comunicação é o meio de marcar posição, reforçar costumes e valores."
Alexandre Herchcovitch

A identificação de comportamentos propicia uma agregação. Possuir um produto que dê aceitação social é o que torna as propostas sedutoras e vencedoras. Por isso a estratégia é procurar entender a alma e a vaidade do consumidor.

A multiplicidade de estilos das sociedades modernas dá espaço às tribos – que têm objetivos sociais concretos e são governadas por pressões emocionais. Como importante elemento de comunicação, a moda, dentro de um grupo, pode tornar-se um símbolo. De acordo com Jung, nos momentos do folclórico hippismo, do marcante punk, da afirmação étnica do black power e do rastafari, as roupas usadas pelos jovens indicavam os novos valores de vida que eles desejaram mostrar ao mundo exterior.

A palavra tribo é um termo usado no estudo de grupos de pequena escala para descrever fenômenos que ocorrem em sociedades contemporâneas altamente urbanizadas e densamente povoadas, conforme explica o antropólogo José Guilherme Magnani, da Universidade de São Paulo. A tribo evoca o "primitivo", como, por exemplo, uma tribo indígena, que é uma comunidade homogênea, que mantém uma unidade social e cultural de alianças amplas, compartilhando vivências através de mitos e ritos coletivos.

O termo "tribos urbanas", por sua vez, passou a ser utilizado na mídia para designar grupos que compartilham intensas vivências comuns nas sociedades urbano-industriais. Essas tribos estabelecem laços pessoais e lealdades profundas, utilizando símbolos e marcas de uso e significado restritos e criando códigos de comunicação e comportamento particulares como, por exemplo, os cortes de cabelo e tatuagens dos punks, a careca dos *skinheads*, ou as calças jeans dos Hells Angels.

Resultado do efeito do imaginário, o contágio coletivo pode levar as pessoas a conflitos. Muitas vezes esse contágio é momentâneo mas reflete aspirações do grupo. O jeans vestiu os jovens tanto na queda do muro de Berlim, em 9 de Novembro de 1989, quanto no *impeachment* do presidente Fernando Collor, em 1992.

Como a tribo permite agrupar os iguais, para o professor Magnani, "na maioria das vezes, o caráter das transgressões, identificado em manifestações grupais, não extrapola um limiar até certo ponto previsto e tolerado como característico de determinada faixa etária". O mesmo rapaz que é um *clubber* à noite pode transformar-se no executivo do dia seguinte.

O indivíduo perde o direito do discurso livre na linguagem das roupas e repete a retórica do grupo, vestindo um uniforme consciente e deliberadamente simbólico. Anne Hollander exemplifica essa identificação com turmas de estudantes com aparência intercambiáveis até de grampos de cabelos, fivelas de cintos, competindo apenas por uma margem, um toque individual à mesmice dominante, compartilhando disfarces impessoais como aceitação pessoal ao grupo. "Vestindo roupas iguais, assumindo hábitos comuns, o grupo o protegerá do ridículo."

No mundo contemporâneo, os sinais de identificação de novos grupos ou tribos podem misturar elementos do passado e parecem, por vezes, camuflados, com sinalizadores nos cabelos, nas roupas, com atitudes agressivas e até musicais. O livro "Jeans, a roupa que transcende a moda" (Lu Catoira) destaca algumas tribos que influenciaram a moda e que atualmente se multiplicam no mundo todo. Os maiores grupos que influenciaram os costumes e a cultura do século XX e início do XXI são:

Hells'Angels – originalmente era o grupo de bombardeios B-17, ex-oficiais da força aérea americana unidos por um mesmo ideal, que se solidificaram em um clube, após a Segunda Guerra Mundial. Eram eles os "Anjos" que saíram do inferno da guerra, e a excitação e a aventura se tornara um estilo de vida. Os aviões foram substituídos por motocicletas, e seu símbolo nada mais era do que as asas de sua origem e liberdade e a caveira como símbolo da guerra – que são usados como tatuagens e adesivos. Sua ideologia veio crescendo e conquistando adeptos no mundo todo. Hells Angels (sem o apóstrofo) e o logotipo da caveira® são marcas pertencentes à Hells Angels Motorcycle Corporation, registradas nos Estados Unidos da América e em muitos outros países. A Hells Angels MC Brazil começou sua história na cidade do Rio de Janeiro, no ano de 1974, seguindo a identidade dessa tribo de motoqueiros que adotaram as calças jeans, os blusões de couro, correntes em pulseiras e tatuagens e cultuam a liberdade e as poderosas motocicletas como a Harley Davidson.

Zazous – "Degenerados", como eram conhecidos nos anos 40, eram os jovens franceses na época da ocupação alemã na França. Os nazistas e fascistas começaram a usar toda uma série de leis contra uma juventude que estava inquieta e desencantada. Apaixonados pelo jazz e pela vida boêmia, também eram conhecidos como "novos selvagens". Os zazous constituíram uma subcultura baseada em cumplicidade generalizada. Sua elegância era ostensiva. Vestiam paletós longos, calças apertadas, gravatas de lã, sapatos não engraxados e cabelos longos para o padrão da época, untados com azeite de salada. As mulheres usavam saias com coletes, lenços coloridos, batom vermelho brilhante, sapatos de sola de madeira e óculos de sol.

Teddy boys – jovens ingleses do pós-guerra, com atitudes agressivas. Eram influenciados pelo rock'n'roll norte-americano nos anos 1950, usavam trajes edwardianos e penteados pomposos. Eram os "durões" que queriam dominar as mulheres, vestiam longos, coloridos e vistosos jaquetões de veludo e usavam topetes enrolados. Com a onda da música *rockabilly* nos anos 1970, eles ressurgiram vestindo calças jeans Levi's com acessórios da classe operária, como braçadeiras e botas. Ainda violentos, travaram brigas violentas com gangues inimigas, sobretudo os seguidores do punk rock.

Beats – grupo inglês que buscava ambientes boêmios para conversar, beber e fumar. Gostavam de saraus e de ouvir boa música, como jazz underground e, posteriormente, rock. Eles queriam tudo em excesso: os óculos escuros foram adicionados ao estereótipo, junto com roupas escuras e boinas pretas. Usavam cabelos compridos e cavanhaque bem aparado. Numa atitude mimética, os roqueiros, entre eles o grupo Rolling Stones, aderiram aos blusões negros, de couro, com calças jeans e atitudes violentas. Outro grupo musical inglês que aderiu ao beat foi o dos Beatles, cujos componentes queriam parecer dóceis para levar suas mensagens aos jovens irriquietos dos anos 60. Vestiam ternos de veludo justos e curtos, usados com camisas de rendinhas e cabelos longos, um estilo ousado e irreverente para os ingleses tradicionais. Nos Estados Unidos o movimento foi menos intelectualizado e mais desleixado.

Beatniks – grupo contestador de jovens americanos que, durante a guerra da Coreia, se refugiou, com falsa beatitude, no seio da sociedade. Vestiam suéters longos, calças jeans ou cáquis e sandálias, usavam barba e cabelos curtos. O Termo "Beatnick" é uma mistura de Beat e Sputnick, o primeiro satélite russo. Eles se caracterizavam por serem apolíticos e pacifistas. Nos anos 60 ficaram totalmente existencialistas, com sua poesia e música contemplando tanto o lado obscuro quanto hedonista e urbano da boemia. Esse movimento underground acabou em decadência com sua comercialização. Da diluição desse movimento surgiram outros, como o hippie e o punk beat.

Hippies – O nome hip, em inglês, significa zombar, e é o que jovens americanos da Califórnia, que desde 1966 pregavam paz e amor – tocando sininhos orientais, com flores e bordados aplicados artesanalmente nas roupas –, faziam para expor ao ridículo a Guerra do Vietnã. Em 1969, no show americano de rock, o Woodstock, o mundo conheceu os hippies, que se dividiram entre os que questionavam a ética do trabalho (pregando a volta para a natureza) e os sonhadores melancólicos que pregavam a paz e o amor. O movimento tornou-se politizado, expressivo, com visual colorido e cabelos muito longos. A parte do Beat que permaneceu no hippie foi a da religiosidade, com interferências orientais, e alguns estilos musicais, bem no estilo de artistas como Jimi Hendrix.

Glam e Glam punk – foram outros grupos sucessores dos Beats, que apresentaram temáticas e abordagens mais profundas, líricas e adultas que glamurizaram a decadência urbana, para o pop americano. Em 1970, surge o grupo New York Dolls, travestidos de mulheres, apresentando um rock com performances bombásticas. O jeito deles chamou a atenção de David Bowie que, assim, acabou tornando-se referência mundial do Glam rock, mesclando o esteticismo e o dandismo de Oscar Wilde e Baudela re em plena década de 70.

Punk – foi o nome dado ao movimento rock em resposta ao rock progressivo, através de músicas simples, com temas sociais. Foram formadas muitas bandas experimentais contra a música comercial das grandes gravadoras, gerando uma crítica em relação à arte e ao consumo da época. Teve seu auge na Londres de 77, onde a banda Pistols influenciou o uso de trajes com uma sofisticação surrealista – um estilo de calças com correntes e alfinetes, piercings nas orelhas e nariz e muitas tatuagens no corpo. O visual conquistou adeptos no mundo todo, com cabelos eriçados e tingidos com cores fortes – a própria expressão de violência e agressividade numa época de desemprego para a juventude, provocando simultaneamente raiva, culpa, compaixão e medo.

New wave – foi o punk na versão suavizada americana. Os termos New-wave e Post-punk (póstumo ao punk) foram usados para classificar estas bandas originalmente chamadas de punk, algumas ligadas à cultura gótica, com um visual mais colorido. As bandas que adotaram uma tendência mais sombria passaram a ser chamadas pejorativamente de góticas. Aliás, a estética Gótica inicial nada mais era do que uma mistura de Glam (androginia, poesia urbana e maldita, maquiagens pesadas, sonoridade rock básica), dandismo (com a influência do movimento New Romantic dos anos 80) e a cultura Beat, com sua estética existencialista (roupas escuras misturando estilos acid rock, cool, jazz-rock e psicodelia, maquiagem e penteados alternativos com cabelos coloridos, desfiados e desarrumados). A música se volta para temas que glamurizam a decadência e o lado sombrio.

Yuppies – Young Urban People, foram os jovens urbanos americanos, ambiciosos e representantes do mundo contemporâneo, atuantes na área profissional nos anos 90. Fugiram dos ternos, conciliando o espírito esportivo e a cidade, trocando a severidade pela funcionalidade – usando calças jeans com blazers e gravatas. Na mesma época, na Europa, os preppies (estudantes) aproximam-se do estilo inglês e vestem camisas polo com calças descontraídas de flanela.

Rastafari – é um dialeto que nasceu nos anos 30 na Jamaica. Os "rastas" não frequentam cultos em templos ou igrejas. A cultura rastafari tem suas próprias ideias acerca das coisas: é uma forma de vida, e não uma religião, com muitas ligações às fés judaica e cristã. O aspecto mais importante de um Rasta são os *dreadlocks* – canudos de cabelos – cuidadosamente mantidos e lavados por quem os usa e símbolo da união com Jah (palavra que em hebraico significa Deus). Eles vestem calças de sarja e hoje também de jeans, com túnicas bordadas e em cores (o verde representa a natureza do continente africano; o amarelo, sua riqueza; o vermelho, o sangue dos escravos; e o preto, a raça). O Reggae foi e é a expressão musical dos rastafarianos – importante sociopolítica e culturalmente. A cultura Rasta chegou à percepção mundial nos anos 70 pela música positiva de Bob Marley – o cantor, guitarrista e compositor jamaicano, considerado o responsável por levar o reggae da Jamaica para o mundo. Bob Marley faleceu em 1981, mas sua influência é sentida até hoje.

Skinheads – foi o nome dado a uma tribo caracterizada pelo corte de cabelo muito curto ou raspado. O uniforme é a calça jeans com suspensórios e botas; cultuam a virilidade, a violência, e têm o hábito de beber cerveja. A cultura skinhead é também ligada à música pesada e era formada majoritariamente por jovens da classe operária britânica da década de 1960. Depois dos anos 80, a pressão da mídia acerca da infiltração do preconceito racial dentro da cultura skinhead resultou na fragmentação em vários submovimentos rivais, com grande hostilidade, como nazistas e integralistas, conservadores xenófobos e defensores de uma supremacia racial branca, antissemitas e neonazistas.

Grunge – é o nome do movimento musical com raízes da música independente que se tornou comercialmente bem-sucedido como sendo uma ramificação de *hardcore punk, heavy metal* e do rock alternativo, no final dos anos 1980. Surgiu com as bandas, originalmente saídas de garagens das cidades do noroeste dos Estados Unidos, como Seattle, Olympia e Portland. Essa explosão musical virou uma nova onda e ganhou o nome de Grunge (sujo, em inglês), dado pela mídia e adotado pelo público. Na maior parte das vezes as letras das músicas são depressivas, melancólicas, com um quê de rebeldia. Os jovens da tribo grunge tinham aspecto desleixado, misturando peças clássicas com as de brechó, calça jeans rasgada com camisas de flanela quadriculadas e tênis All Star.

Funkies – são os componentes de grupos oriundos dos amantes da música com batida ritmada. Funk é a expressão musical negra norte-americana que foi utilizada nos anos 50 e 60 para as canções de trabalho, nos gritos de louvor, no *gospel* e nos *blues*. Esta forma inicial de música passou a ter um ritmo dançante, mais solto e lento, com frases musicais repetidas. Nos meados dos anos 80, a disseminação dos ritmos se tornou combustível para o funk, com o rap, o *break* e o *hip-hop*, detacando os *popstars* Michael Jackson e Prince. Os antigos sucessos de funk (principalmente dos vocais de James Brown) começaram a ser copiados para outras músicas pelo novo fenômeno das pistas de dança, a *house music*. No Brasil, o funk americano recebeu muitas influências e modificações, tornando-se uma vertente totalmente nacional. É o funk que nasceu nos bailes de favelas e morros da cidade do Rio de Janeiro e se propagou para o resto do Brasil e para o mundo com sua batida rápida e os vocais graves. O apelo popular e a voz da periferia são os temas, com músicas de letras sensuais, com sucessos dos bailes do Furacão 2000 (1990), o DJ Marlboro e, entre outros, a polêmica Tati Quebra-Barraco. O modo de vestir dos funkeiros merece destaque: o homem veste camisetas com jeans largos, com o cós deslocado, deixando a cueca aparecer, enquanto a mulher quer exacerbar sensualidade adotando miniblusas decotadas e jeans com Lycra, em modelagens bem ajustadas – minissaias, calças, shortinhos – e cós muito baixos, deixando a barriga à mostra.

Rappers – são ambíguos, excêntricos, vestem calças largas de cintura muito baixa; dançam e dão seus recados sociais sobre racismo, preconceito e periferia. Rap é a expressão musical-verbal da cultura *Hip Hop*. Ela vem do inglês "Rhythm and Poetry", que significa "ritmo e poesia". Sua origem é a Jamaica na década de 60, quando surgiram os *Sound Systems* – cantos falados nas ruas dos guetos jamaicanos, utilizados para animar bailes. Esses cantos comentavam a violência das favelas de Kingston e a situação política da ilha, sexo e drogas. No início da década de 70, jovens jamaicanos emigraram para os Estados Unidos, e a tradição do canto falado ritmado chegou ao primeiro disco de Rap de que se tem notícia, no final dos anos 70. Fausto Fawcett gravou o primeiro rap no Brasil, em 1987, e o ritmo ganhou popularidade e divulgação com Marcelo D2 e Gabriel, o Pensador. A roupa do rapper é semelhante à do funkeiro, com o jeans fazendo parte da identidade do grupo.

Clubber – é o termo, em inglês, que define o frequentador de danceterias (*clubs*). Nos meados dos anos 90, o som eletrônico começou a surgir nas pistas com músicas muito barulhentas e repetitivas, substituindo solos das guitarras e os embalos das baterias, fazendo parte da cultura noturna das grandes metrópoles. As pessoas que vestiam roupas irreverentes e curtiam música eletrônica ficaram sendo conhecidas como clubbers, que trocaram reuniões tímidas e pontuais por grandes festas conhecidas como Raves, com grande duração. Os clubbers, independentemente do sexo, vestem-se de uma maneira extravagante, com camisetas coloridas, estampadas com personagens de desenhos japoneses, leggings, saias, calças e tênis, com piercings, tatuagens tribais, cabelos coloridos (em cores como verde-limão e rosa-choque) e acessórios como pulseiras, colares, anéis – tudo supercolorido, grande e com muito brilho (também incorporado à maquiagem).

Emo – é uma das mais novas tribos urbanas; recebeu o nome pela abreviação do inglês *emotional,* um gênero de música derivado do *Hardcore.* O termo foi originalmente dado às bandas do cenário punk-rock de Washington, que compunham num lirismo mais emotivo que o habitual, e viveu sua intensidade nos meados dos anos 90, nos Estados Unidos. No Brasil, o gênero se estabeleceu sob forte influência norte-americana em meados de 2003, na cidade de São Paulo, espalhando-se para outras capitais do Sul e do Sudeste, e influenciou também uma moda de adolescentes caracterizada não somente pela música, mas também pelo comportamento geralmente emotivo e tolerante, e também pelo visual, que consiste, em geral, em trajes pretos, listrados, cabelos coloridos e franjas caídas sobre os olhos.

Neo-hippies – surgiram no início do século XXI. São visualmente semelhantes aos hippies originais: têm os cabelos compridos, usam roupas consideradas incomuns ao resto da sociedade. Costumam também usar acessórios andinos e roupas de grifes. Não têm qualquer fundo crítico social e podem ser considerados mais conservadores do que contestadores – eles não creem na política.

Todas essas tribos urbanas mantêm valores da cultura contemporânea e, na fantasia estética, incorporam em sua maioria, o jeans – um tecido rude, que entrou na moda como um signo do vestir e que, apesar de ter mais de 150 anos, se mostra jovem e com energia para novos desafios.

Nessas tribos e em outros grupos particulares, o mimetismo se dá conforme o tipo de relação que se estabelece de um indivíduo com o outro. Uma espécie de empatia que contamina através de intenção, sintonia, sensibilidade e estilo. Desse modo, o jeans é considerado um código que está tanto na consciência desses indivíduos que agem racionalmente quanto no inconsciente, através de ações instintivas. Um exemplo do sociólogo Mafesolli é que, entre os estudantes do segundo grau de uma escola americana, os mais excêntricos usam Lee; os alunos "chicanos", Wrangler, e os demais vestem Levi's.

Como o indivíduo não pode existir isolado, o processo da moda põe a seu alcance a identidade e a sinergia das forças que agem na vida social dos grupos que dela participam. Os grupos sociais acabam por ter seus códigos e, quando o jeans é analisado como um símbolo, esses códigos parecem tornar-se menos obcecados pelo prestígio que as roupas exercem socialmente.

No momento da aquisição de um jeans, uns compram grife; outros buscam modelos que se assemelhem com as peças de grifes; outros não se preocupam com etiqueta, e mais alguns vestem o que o grupo escolheu para vestir. Mas todos vestem jeans.

As memórias coletivas estabelecem uma relação entre o grupo e o indivíduo e sua agregação social pela energia dos arquétipos que levam as pessoas a ações coletivas através dos ritos e outros apelos às emoções das massas. São acontecimentos que passam despercebidos ao indivíduo que não aprendeu a observar as coincidências, segundo Carl Jung.

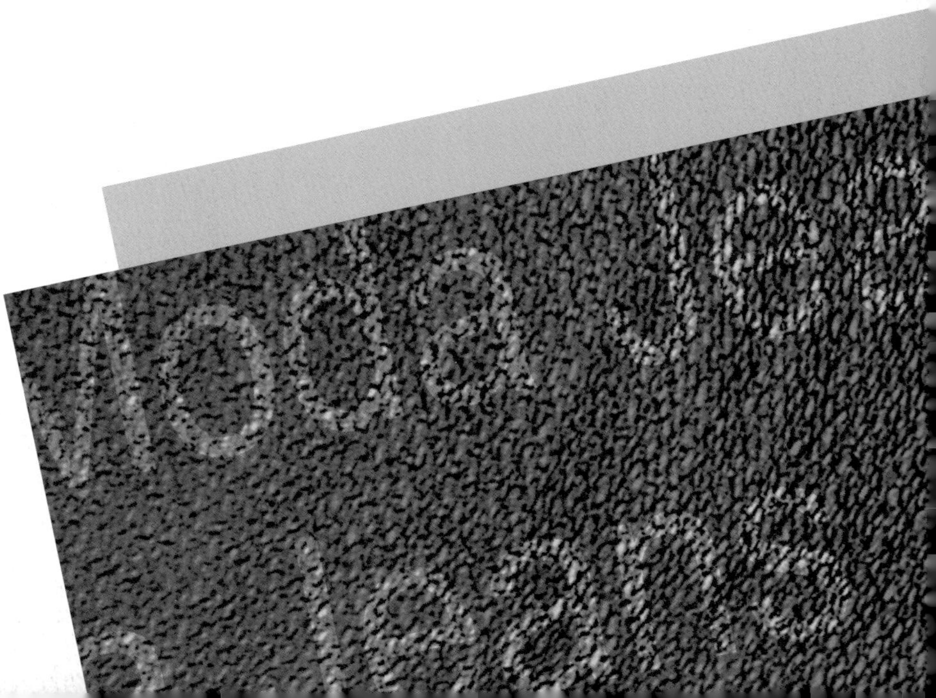

Trajetória de sucesso

"A melhor forma de renovar a vontade de usar um jeans é torná-lo desejável."

Thomas Zylberman

Nenhum outro tecido conseguiu sobreviver, como o jeans, a tantas mutações estilísticas e sociais, atravessando gerações, sendo o material mais manejado há mais de um século.

Na metade dos anos 60, Paris, a cidade que lançava moda, foi substituída por Londres. A música foi o centro das atrações, substituindo os livros, com o início de bandas como Beatles e Rolling Stones, entre outras, observando uma revolução psicodélica. Carnaby Street substituiu Saint Germain. Foi em Londres que surgiram a minissaia, os cabelos longos e as roupas extravagantes que consagraram os musicais *Hair* e *Jesus Christ Superstar*, além de promoverem a popularização das drogas, a fascinação pelo espiritualismo hindu, o amor livre, campanhas do orgulho gay e a rejeição do *establishmen* burguês.

No início dos anos 70, o movimento hippie entrou em desintegração e se tornou uma moda burguesa. E a música muito criativa, foi rapidamente absorvida pela cultura oficial.

O jeans ultrapassou a forma de tecido e a calça desbotada, usada para agredir os padrões burgueses, e chega à passarela na coleção de Calvin Klein na década de 70, causando indignação aos mais conservadores. Foi um momento marcante na moda, pois, provocando o imaginário das pessoas, reuniu identidade e inovação.

Essa atitude, no entanto, foi logo seguida por outros estilistas, como Pierre Cardin, e marcas como a Fiorucci, febre nos anos 70 e 80, fazendo com que o jeans definitivamente conquistasse seu espaço na sociedade. Esse fenômeno respondeu ao desejo das mulheres que, emancipadas da necessidade de usar roupas unissex, sentiram-se seguras e passaram a exigir modelagens para a anatomia feminina. Sem limite de idade, sexo e cultura, o jeans ganhou adeptos e as lojas de grifes – que ditam moda de vanguarda. A partir dos anos 2000, começaram a fazer parte do novo luxo, apresentando produtos *premium*.

E pensar que tudo começou com o comerciante alemão Levi Strauss. Imigrante na América, Strauss, em 1845, levou algumas peças de um tecido resistente para serem oferecidas aos garimpeiros para tendas de campanha ou coberturas de vagões de minério. Em busca do ouro da Califórnia, nos Estados Unidos, os aventureiros vestiam roupas feitas de aniagem, morim e lonita por serem práticas, mas o trabalho as deixava imprestáveis em pouco tempo. Strauss, em 1853, transformou seu estoque de denin em calças.

Denin foi a expressão americana que denominou aquele tipo de tecido francês, conhecido como *toile de Nimes* ("denime") desde a Idade Média e que era tingido com índigo, um corante azul, obtido no oriente a partir de plantas Indigofera e Isati tinctoris – com registro na alfândega de Gênova (no ano de 1140). Os marinheiros genoveses usavam esse tipo de tecido que ficou conhecido com o Jeans, uma corruptela da palavra Gênova.

O jeans já começou sua trajetória como um elemento globalizado: é um tecido francês, as primeiras roupas foram italianas, mas o

mérito é do alemão Levi Strauss – e o produto virou "febre" no mundo todo. Podemos afirmar que a calça jeans foi um produto de design desde as primeiras modelagens. O jeans então começa sua trajetória como uniforme de trabalho e começa a ter valores agregados – como os rebites em cobre para reforçar os bolsos, em 1873 – e logo Strauss ganha um concorrente: Henry David Lee. Ambos marcaram a longa trajetória do jeans.

A concorrência de Levi's e Lee

Levi Strauss nasce em 1829, em Buttenheim, Alemanha, e parte muito jovem para a América, seguindo para São Francisco para fazer fortuna durante a Corrida do Ouro na Califórnia, não à procura de ouro, mas vendendo suprimentos para os mineiros. Ele chega a São Francisco e abre uma pequena mercearia na California Street. Em 1853 confeccionou as primeiras calças com denin, o tecido resistente que vendia para cobrir barracas de trabalhadores e vagões de minério. Em maio de 1873, Strauss e o alfaiate Jacob Davis patentearam o jeans com rebites e cobre. Em 1928 a palavra Levi's foi registrada como marca. E na década de 30 a depressão chega, e a demanda pelo produto despenca. A empresa adota o cowboy como seu ícone publicitário, associando o individualismo durão do estereótipo (e seu correspondente de Hollywood). Após a guerra, a partir de 1945, houve uma explosão de demanda difícil de atender, e até 1960 o modelo 501 era conhecido como *overall waist*.

Em 1890 a calça 501®, famosa até hoje, é criada. Os números de lotes de tecido são colocados nas roupas que são produzidas. "501" é o número usado para designar os famosos "macacões" com rebites de cobre. Levi Strauss morre, aos 73 anos, em 1902, e seus sobrinhos herdam o negócio.

A Levi's® recebe o Prêmio Maior pelos "macacões" no Panama Pacific International Exposition em São Francisco em 1915, com nova fábrica, depois da destruição da sede e duas unidades fabris por um terremoto seguido de incêndio, em São Francisco, em 1906. Em 1934 é criado o Lady Levi's®. Em tempo de guerra, soldados americanos vestem jeans, camisetas e jaquetas da Levi's® no exterior, proporcionando aos produtos sua primeira exposição internacional.

Momentos importantes da marca: Levi's® 501® é a Marca Oficial dos uniformes da Equipe Olímpica dos EUA (1984); a linha de calças Dockers® é lançada em 1986 e torna-se uma expressão utilizada em todo o mundo no comportamento "Casual Friday". A revista Time Magazine, no ano 2000, nomeia o jeans 501® como "A Peça de Roupa do Século 20"; no mesmo ano, chega ao mercado a Levi's Engineered Jeans™. Em 2001, a Levis reproduz numa edição limitada especial, a Levi's® Vintage, e em 2006 surge a Levi's® Eco, produzida com 100% de algodão orgânico.

Lee ® M.R.

Henry David Lee, fabricante de alimentos e óleos enlatados, abriu, em 1889, a H.D. Lee Mercantile Company, na cidade do Kansas, uma fábrica de roupas para trabalhadores. Em 1912 a empresa cria o macacão Lee Bib Overall, em jeans (o que conhecemos hoje como jardineira). Em 1913, une numa só peça a jaqueta e a calça chamada *Union All*, dando mais segurança aos maquinistas, mecânicos e fazendeiros. Em 1921, a jaqueta Loco chega com quatro bolsos frontais. Em 1924, Henry David Lee trocou os botões das calças de Strauss por zíper e iniciou a linha Lee Riders, com as etiquetas de couro gravadas a fogo – estilo dos cowboys. Em 1944, surge a costura no bolso traseiro, um dos ícones das calças jeans. Em 1949, a linha Lee Riders lança a calça feminina. A primeira Concept Store Lee foi aberta em 1926, na Carnaby Street, em Londres.

Momentos importantes da marca: em 1973, a empresa lançou a marca Ms. Lee, voltada para o público feminino. Em 1979 é introduzida a campanha publicitária com o slogan "Lee Fits America". A empresa fabricou 502 milhões de unidades de roupas em 1981. No

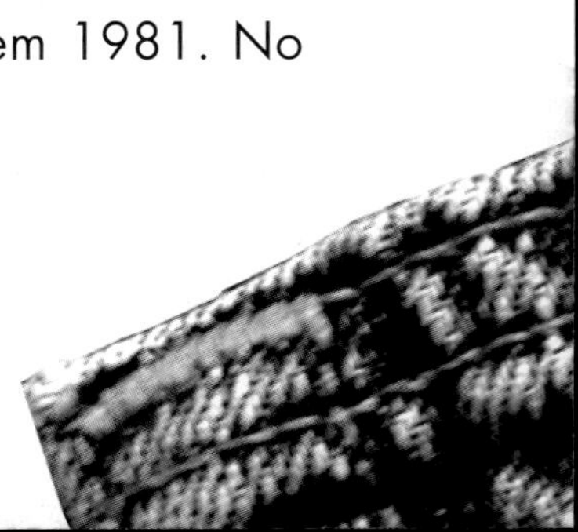

ano seguinte ingressou no mercado do jeans lavado. Em 1983 são introduzidas as calças stretchs (com fio de elastano) e a linha de roupas infantis. A partir da diversidade de produtos e públicos, a Lee está presente em três continentes e 20 países, tendo seus produtos vendidos em lojas de roupas, pequenos estabelecimentos de varejo e grandes magazines.

Catálogo Lee 2007

O sucesso comercial da Lee e da Levi's transformou essas marcas em sinônimos de jeans.

O jeans foi, através dos tempos, conquistando novos públicos. Por ser um tecido barato e resistente, ele foi usado por mineiros do *gold rush*, lenhadores, marinheiros, escravos e trabalhadores do campo ainda no século XIX.

Em 1929, com a quebra da bolsa de Nova York, os americanos de baixa renda começaram a usar o jeans – adaptado à realidade econômica do país –, e os cowboys acataram o jeans como seus uniformes, nos anos 1930. O cinema explorou os novos ídolos e seus estilos – como Tom Mix e suas bombachas e John Wayne, com as calças de bainha virada.

O cinema continuou trazendo enredos diversos, fantasiosos ou realistas, influenciando e ditando os padrões de beleza, hábitos e comportamentos. Se por um lado Hollywood exportava um novo padrão feminino, que utilizava a sensualidade e o erotismo como arma de conquista, por outro, a sociedade nos anos 50 convivia com os *rebeldes-sem-causa* ou também conhecidos como *juventude transviada,* mostrados em filmes com Marlon Brando e James Dean. Eram reflexos que surgiam ao mesmo tempo na França com os *blousons-noirs*, nos Estados Unidos com os *beats* e *hells angels* e na Inglaterra com os *teddy-boys*. Os existencialistas aderiam a autores como Sartre e Camus, aos filmes da *Nouvelle Vague*, enquanto os aventureiros preferiam o escritor Jack Kerouac e seu livro "On The Road", que incentivava os ávidos por liberdade a trilhar novos rumos.

Ainda nos anos 50, o ritmo frenético do rock mostra novos valores e rompe com os tradicionais e, através do cinema, lança novo ídolo, Elvis Presley, que usa jeans com bainhas viradas para fora, e as meninas vestem calças masculinas, tudo para facilitar os passos de dança. O jeans se torna um símbolo da juventude, espalhando-se lentamente para o mundo ocidental como antimoda – a descontração do visual dos adolescentes. O cinema foi, sem dúvida, o veículo audiovisual mais eficaz até o advento da televisão, divulgando hábitos, comportamentos e modos de vestir.

Os rebeldes passam a ser contestadores na década de 60. Daniel Cohn-Bendit, em Paris, lidera o movimento marchando pelos direitos civis. Na Inglaterra, os Beatles e os Rolling Stones agitam os concertos musicais, que chegam a protestar contra a guerra do Vietnã.

A introdução de novos produtos é um fenômeno que pode gerar novos comportamentos, e a moda está ligada a este conceito de inovação. A calça Far-West, por exemplo, lançada no Brasil nos anos 50 e fabricada pela Alpargatas Rodhia, era um produto que o público acreditava ser americano, vendido nas lojas de departamentos. Mas esse produto não frequentava igrejas, escolas ou festas sociais.

Anúncio da Calça Far-West, usada com alpargatas[1]

[1] Revista O Cruzerio. Rio de Janeiro: 24 de novembro de 1956, p. 81.

Entrando na moda

"Como extensão visual do ser humano, a moda desperta e reflete desejos de maneira complexa."
Carol Garcia

Nos anos 60, a calça importada da marca Lee conquistou a classe média-alta como um artigo de luxo. O desejo pela marca era tão forte que o nome Lee passou a ser sinônimo de jeans para esse consumidor.

Nessa década também teve início o *prêt-à-porter* no Brasil, e houve uma verdadeira revolução de marcas nacionais, como Coringa, Rodeio, Topeca, Calhambeque, que investiam seriamente em publicidade para atingir seu consumidor: o jovem.

Como sistema, a moda responde aos significados culturais, e, assim, essas marcas inovaram, atendendo às mudanças constantes de necessidades e desejos dos consumidores.

A televisão surge no Brasil, em 1950. Telejornais e teleteatros dividiam o espaço com os programas musicais, humorísticos e com as telenovelas – superproduções adaptadas de folhetins do século XIX e romances consagrados.

No final da década de 60, surgem o Cinema Novo, o Movimento da Jovem Guarda e o Tropicalismo – com expressões marcantes na cultura nacional.

Foi em 1968 que a TV Tupi lançou *Beto Rockefeller*, a telenovela que mudou o conceito na teledramaturgia brasileira, representando um processo de modernização da sociedade. O autor Bráulio Pedroso criou um personagem do cotidiano, um anti-herói que falava gírias e expressões populares e que trabalhava numa loja de sapatos. Carreirista, ele se infiltra na alta sociedade. O figurino do personagem vivido pelo ator Luiz Gustavo era o usado pelos jovens que tinham dinheiro: calças e camisas sociais, ternos e, em alguns momentos de descontração, jeans.

A partir de Beto Rockfeller, as novelas da TV consolidaram-se como gênero apreciado pelo público que, ao longo das décadas, se tornou um programa de entretenimento e passou a representar e influenciar o comportamento da sociedade. Foram inúmeras as novelas que tiveram – e continuam a ter – o jeans como peça de figurino, construindo o visual de personagens de acordo com sua posição social e psicológica no enredo.

Na metade dos anos 60, o visual jovem chega à música. Os ídolos da Jovem Guarda, grupo liderado pelo cantor Roberto Carlos, enlouquecem os jovens, e surgem as calças Calhambeque, confeccionadas em jeans com cintura baixa. Em 1965, a música "Garota Moderna", composta por

Jovem Guarda[2]

[2] Jovem Guarda (s/l) (s/d) (disponível no site www.mpbnet.com.br/musicos/jovem.guarda/).

Evaldo Gouveia e Jair Amorim, é gravada por Wilson Simonal, destacando a jovem que "veste camisa esporte sobre a calça Lee", e se torna um dos sucessos da Bossa Nova. A velha calça desbotada também faz parte da letra das músicas "Detalhes" (1971) e "Amante à Moda Antiga" (1980), de Roberto e Erasmo Carlos, falando de jovens e apaixonados.

Tropicália[3]

[3]Tropicália (s/l) (s/d) (disponível no site www2.uol.com.br/tropicalia/).

A USTop, no final dos anos 70, cantava "Liberdade é uma calça velha, azul e desbotada" no jingle dos anúncios da televisão. Na segunda metade da década, surgem os jeans com as marcas Gledson, Ellus, Dimpus, Staroup.

Ao mesmo tempo, a Tropicália se instala, com os "Novos Baianos" (Caetano Veloso, Gilberto Gil, Maria Bethânia, Gal Costa). Eram os hippies brasileiros que procuravam visuais exóticos e explodiram com suas músicas nos anos 70. Com eles, além das batas e dos jeans, foram usados símbolos mágicos orientais, tudo por conta do movimento ideológico de "paz e amor", com flores nas roupas e estampas psicodélicas.

Outro grande sucesso do final da década de 70 foi a calça da Ínega, que trouxe inovações, tanto no design do produto têxtil – uma mistura de jeans com Lycra que dava elasticidade ao tecido – como no design da peça. Na comunicação, a campanha de publicidade da empresa conseguiu unir todos os atributos do produto e do mercado numa só frase: *"Ínega, o Jeans de Ipanema. Barriguinha pra dentro, bundinha pra cima"*.

O produto era o jeans para jovens, com tecido modelador, e focava, já no nome, o bairro de Ipanema, referindo-se ao Rio de Janeiro (o polo lançador de novidades na moda). A partir daí, o mercado brasileiro foi sendo invadido por muitas marcas – nacionais e licenciadas – de jeans.

Os sexos foram considerados iguais. A moda entrou no jogo de trocas e ficou unissex, tomando como base o modelo masculino. Duas peças têxteis foram expressivas nesse modismo: a camiseta e o jeans. Originalmente uma roupa íntima masculina, a camiseta tornou-se sinônimo de visual informal, esportivo, andrógeno e confortável. Camisetas, jeans e tênis viraram companheiros: além de cobrirem os corpos, serviram de tela para inspirações artísticas e individualistas dentro dos grupos jovens.

Esse trinômio unissex se torna um uniforme jovem – usado no dia-a-dia dos trabalhadores em geral, dos estudantes das faculdades e depois se tornando até peça de uniforme oficial de escolas infantis e juvenis.

No início dos anos 80, os sucessos eram as calças jeans das marcas nacionais Jeaneration, Samoa, Soft Machine e Top Plus. No Rio de Janeiro, as grifes com charme eram Spy & Great, Dijon, Phillipe Martin e Enéas Franco.

Na música, em 1984, Gilberto Gil lança "Índigo Blue", uma poesia apaixonada.

Anos 70

Cartaz de Ponto de venda – Liberdade – 1975

O Brasil torna-se tricampeão mundial, e a empresa dá início à campanha de cunho social, como a que percorre escolas estaduais com o mote: "Criança calçada, criança sadia". Em 72, os jovens ganharam uma calça velha, azul e desbotada, USTop. A empresa inagura fábricas de Norte a Sul do país e entra de sola num segmento promissor, o dos artigos esportivos, com o lançamento da marca Topper, em 75, e a compra da Rainha, em 79.

Anúnico Top Plus. Revista Moda Brasil, janeiro de 1986

Anos 80

Em 82, em comemoração aos seus 75 anos, a Alpargatas adquire a Jeaneration. No ano seguinte, lança as marcas Samoa e Top Plus.

O ritmo das discotecas mostrava que era tempo de dançar. O jeans black vestia os que gostavam do *break* – que, com Michael Jackson, se tornou o estilo de dançar que inspirou o *street dance*. Ao mesmo tempo, o jeans chega com brilho às pistas de dança, no tom índigo, sem lavagem, usado com blusas de seda ou lurex e saltos muito altos para dançar como o ator-bailarino John Travolta, nos filmes "Os embalos de sábado à noite" (1977) e "Grease, no tempo da brilhantina"(1978).

Na década de 80 o jeans vira grife. As grandes etiquetas pelo lado de fora das roupas traziam a assinatura: Fiorucci, Staroup, Dijon, Ustop e Soft Machine, entre outras. O jeans conquistava a todos. O tecido de algodão ganhou um novo ingrediente: o fio de elastano, que proporciona conforto e marca mais a silhueta.

Nessa época, a grife Marithé François Girbaud – que faz parte da Semana de Moda de Paris – deu início ao *stonewash process*, que consistia em jogar pedras na máquina de lavar para produzir efeitos diferenciados no índigo. Desde então, o índigo não foi mais o mesmo. Rasgados, poídos, estonados, sujos, lixados, hoje os criadores e fabricantes preocupam-se não apenas em adaptar as peças à silhueta, mas também em desenvolver tecidos resistentes e efeitos diferenciados.

Nesse momento o jeans democratizou a moda, misturado a Lycra ou algodão, chegando até aos estilistas europeus – Dior, Karl Lagerfeld, Azzedine Alaïa, Donna Karan, Jean Paul Gaultier –, que se renderam ao tecido, liberando a calça da forma clássica do modelo *five pockets* e colocando-o, pela primeira vez, em suas coleções de *prêt-à-porter*. Recebendo tratamentos especiais – em relação tanto às cores como às formas –, o jeans surge até no tailleur feminino, inspirado no estilo dandy masculino.

Acompanhando a moda, além das formas desenvolvidas pelos estilistas, o design têxtil ganhou destaque com o jeans. O denin azul genuíno é composto, originalmente, da união de uma trama branca e de um urdimento tinto com corante índigo – tudo de algodão. Com a vanguarda dos fios sintéticos, o denin passou a ser fabricado também com a mistura de algodão e poliéster, proporcionando maior durabilidade à trama. Outro grande processo do design têxtil é o da agregação de valores do tecido através dos beneficiamentos – através dos quais as lavanderias passaram a ter o papel de tinturarias, e algumas fábricas, como na Santista, Santana Têxtil, Cedro Cachoeira, entre outras, tornaram-se verdadeiras unidades industriais.

As lavagens se tornaram estratégias de marketing para incentivar as vendas. Ganharam técnicas variadas através de vários processos: lavagens com pedras; aplicação de laser ou lixas e o esmeril para acabamentos *used;* estonados em vários níveis; cobertura com resinas e pigmentos; efeitos amarrotados localizados; lavagem *dirty* (sujos); espatulados; sobretingimentos alterando o índigo; jatos de tinta coloridos (esverdeado, violetado ou amarelado); desgaste frontal falso (bigodes); pincelados com mensagens; manchados com pincéis; puídos; com estampas com corrosão do corante com motivos florais, gráficos etc.

Na moda dos anos 90, o minimalismo tira o exagero e as ornamentações das roupas, deixando o jeans básico novamente. Mas fazendo um contraponto de estilos, no novo século, o mesmo jeans invade a moda com detalhes de bordados, aplicações de galões, taxas e rendas, no estilo hippie-chique – e que passou a ser conhecido como jeans customizado.

No mundo contemporâneo, a moda atinge não só as mulheres como também os homens, que passaram a aceitar melhor os conceitos da moda. Com maior liberdade, eles mudaram de atitude e, mais vaidosos, passam a se preocupar com a aparência – e gostam de chamar atenção.

Surge o novo homem, consumista, que se preocupa com o corpo e a beleza. Já deixa de lado padrões tradicionais e usa calça *skinny* e camisa *slim*, uma silhueta mais ajustada ao corpo.

Esse novo homem já é o foco do marketing das empresas de moda masculina.

As empresas estão alertas para a importância de ter seus produtos focados em seu consumidor. Nas lojas, o investimento é feito sobre as equipes de vendas, que têm comunicação diretamente com o cliente. Através de informações sobre tendência e tipos de modelagens, auxilia o consumidor no momento da compra – seja ele mulher ou homem –, realizando boas vendas e criando uma fidelização na marca.

Regras estéticas tradicionais mudam dando espaço para novas propostas de produtos.

A modelagem certa valoriza o corpo

✓ **Cintura alta**
Alternativa para troncos alongados

✓ **Boca larga**
Ideal para quem tem panturilhas grossas

✓ **Cós largo**
Para quem tem pouca cintura

✓ **Cintura baixa**
Valoriza quem tem quadris estreitos

✓ **Fechos ou detalhes na lateral**
Destacam a cintura

✓ **Calças retas**
Ideiais para parecer mais magra; enxugam as medidas na região das coxas e quadril

✓ **Lavagens escuras**
Enxugam as formas, afinam a silhueta

✓ **Peças com desgastes localizados**
Ideais para quem tem coxas finas

✓ **Calças com cintura baixa, efeito bigode, gancho curto, apliques de botão no bolso**
Valorizam quadris

✓ **Calças retas ou com vincos**
Para valorizar pernas

✓ **Calças curtas – corsário e capri**
Vestem bem quem tem tronco curto, equilibrando proporções

✓ **Bolsos diagonais, detalhe de lapela e modelos com strech**
Para aumentar o bumbum

✓ **Modelos mais soltos, bolsos traseiros baixos ou sem bolsos. Lavagens mais escuras**
Para diminuir o bumbum

✓ **Calças cigarretes**
Ideais para quem tem corpo reto, ampliam os quadris e afinam as pernas

Consumo sem preconceito

"Felicidade é ser consumido; é entrar num circuito comercial de sorrisos e festas e virar um objeto de consumo."

Arnaldo Jabor

De uniforme a signo de público jovem e parceiro de tribos, o jeans conquista o novo século fazendo parte do novo luxo.

Para conciliar o desejo humano de luxo e consumo, a nova estratégia de marketing adotada por famosas marcas é o "mastígio" (massa + prestígio). Ela visa atender ao prestígio que exerce sobre consumidores de marcas. Esses são produtos que trazem os códigos do luxo em seu DNA, porém com preços acessíveis e oferecidos em pontos de venda envoltos por uma atmosfera de refinamento e sutil ostentação.

O culto do consumo pelas marcas abriu um espaço para o culto das massas pelas cópias. O processo da conquista do desejo começa com o conhecimento do produto, através da mídia; seguida do formador de opinião ou personalidade, e acaba em querer se parecer ou ter reconhecimento em sua comunidade.

O luxo, em sua versão original, é elitização, um privilégio para poucos. Atualmente, é uma ferramenta de gestão para as grifes oferecerem produtos com excelência, tanto na produção (design, beleza, qualidade) como na comunicação (em que a palavra mágica é "demanda", identificada com o que está latente e potencial de ser admirado, reconhecido pelo outro e deleitar-se consigo mesmo).

E, mais uma vez, o jeans ganha destaque, agora como artigo de luxo, alcançando a categoria *premium.* Calças jeans de grifes internacionais, como a Diesel, Replay, Paper, Miss Sixty, D&G, além dos modelos das grandes *maisons*, invadem lojas multimarcas, como Daslu e Clube Chocolate, em São Paulo, ou a loja Alberta e o Espaço Lundgren, no Rio de Janeiro, e são vendidas a preços que variam de R$ 800,00 a R$ 2.000,00.

Como marcas de jeans de Alto Luxo ou Extra Premium, o mercado internacional apresenta as grifes japonesas Evisu e 45rpm, com preços que variam entre € 835.00 e € 1,000.00; a Diamant Jean´s, um hiperluxo, com aplicações de botões de ouro maciço e diamantes e a holandesa G-Star, que se destaca pela modelagem "jeans cirúrgico".

Acompanhando o ritmo frenético do jeans *premium*, grifes nacionais como Forum, Zoomp e Ellus investem em beneficiamentos e modelagens novas e conquistam seus consumidores fashionistas, desejosos por novidades que lhes deem status. A Gang, marca carioca de quase 30 anos, subiu ao status de jeans Premium. Depois do sucesso da modelagem sensual do funk, promete o "bumbum perfeito", e os preços de uma calça chegaram a R$ 1.300,00, levando a empresa à exportação.

E o jeans inspira até cosméticos. A marca de cosméticos Bourjois, em meados de novembro de 2003, lançou no mercado esmaltes para as unhas nas cores *"Bleu jeans"* e *"Bleu délavé".* Na mesma época, a Maison Chanel criou uma sombra para os olhos na cor "jeans", e Gianni Versace, o perfume Blue Jeans (masculino) e o Red Jeans (feminino).

O jeans foi o tema escolhido por essas grifes por estar carregado de memórias e representar um produto atemporal, um elemento básico multigerencial que mistura a herança do passado com a modernidade.

A indústria têxtil brasileira sofreu muito no governo do presidente Fernando Collor de Mello, que abriu o mercado e permitiu a entrada dos tecidos importados a preços competitivos. O setor têxtil nacional agonizou. "Pelo menos 773 empresas têxteis fecharam e mais de um milhão de pessoas perderam o emprego", escreveu a jornalista Erica Palomino, em 2002.

Para acompanhar o mercado, na área de projetos, o design têxtil tem desenvolvido produtos com novas fibras ou criado tecidos de alta tecnologia. São produtos com atributos especiais e características ergonômicas que preveem os movimentos do corpo e o modo de vida do indivíduo. Alguns não amassam e nem deformam, outros nem são frios ou quentes demais; existem fibras que eliminam o suor, e algumas são compostas por cápsulas hidratantes. De 1996 a 2001, foram investidos US$ 6 bilhões na modernização de parque têxtil nacional, com tecnologia e treinamentos.

É o momento da tecnologia, que se une à moda no referencial estético contemporâneo. Uma contaminando a outra, refletindo aspirações e necessidades de uma sociedade mais informada, conceitual, subjetiva e eclética. No trabalho "Paradoxos da Moda Contemporânea", a autora Marianne Reinhardt Röhrig destaca o comercial do refrigerante Sprite que diz "Imagem não é nada, sede é tudo". Na moda a imagem é tudo e rege o atual funcionamento sócio-econômico-artístico-cultural, a simultaneidade, a desmaterialização, a simulação e o supermercado de estilos. E é exatamente nesses aspectos relevantes que vemos como a informação da moda chega como notícia aos meios de comunicação.

A estética manifestada em arte, música, decoração, moda e literatura atravessa as noções de tempo. Os meios de comunicação divulgam os processos de releituras de vários períodos históricos referenciados na moda atual. Para o conceito da marca, os valores agregados, como criatividade e segurança, são trabalhados pelo marketing no intuito de difundi-los, tornando-os importantes diferenciais para o mercado.

Na publicidade, real e imaginário se confundem através de imagens criadas para atrair o público consumidor. Essa técnica é muito utilizada nos catálogos e anúncios de moda. Com tantas informações, o indivíduo pode criar seu próprio estilo, de acordo com sua personalidade. Como existem muitos estilos ao mesmo tempo, o indivíduo tem medo de acatar um visual diferenciado e não ser aceito em seu meio social, o que o conduziria a uma padronização do vestir.

Joseph Priester, professor de Marketing da Michigan University, em uma entrevista à Revista Consumidor Moderno, em 2003, afirma que os asiáticos consomem pensando coletivamente, como uma maneira de se relacionar com os outros. Já americanos e brasileiros consomem mais pelo prazer individual. Ele ainda explica que o estudo do público-alvo dá melhores resultados na comunicação porque antecipa suas necessidades. Existem consumidores que, antes e comprar, pesquisam os preços, analisam essas vantagens e os produtos concorrentes. Mas quando um indivíduo se "encanta" com um produto, é capaz de pagar o que for preciso. Tudo vai depender da carga emocional que envolve o consumo.

As estratégias de venda são aplicadas seguindo as motivações das diferentes culturas, e o produto que está bem posicionado leva vantagem, tanto na mídia quanto no ponto de venda.

O marketing, a partir do final da década de 80, estruturou-se e passou a dar maior importância ao ser humano, a seus valores morais e à formação de competências essenciais para a organização. Outras preocupações, com meio ambiente, ecologia e qualidade, fazem parte das prospecções dos processos de produção.

A moda dispõe de ocupações estratégicas na área de marketing que auxiliam para que a marca aconteça como mídia. As assessorias de comunicação, os produtores de fotografia, shows, vídeos, CD rooms e DVDs, vitrinistas, projetistas de luz e som, desenhistas industriais e gráficos e designers de moda são como ferramentas para atingir vários públicos. No texto de Marco Sabino, em seu site – www.marcosabino.com –, o autor faz uma reflexão sobre as diferentes personalidades contemporâneas.

Tem Muita Gente Diferente no Mundo!

A genética explica, mas mesmo assim, é uma loucura: Tantas caras, tantos corpos, tantas cores, tantos tipos de cabelo, tantas línguas... A maior parte quer ser bela. E o ponto de vista estético não está em julgamento. Cada um tem o seu. Lindo para uns, horrível para outros. Eu acredito que exista uma estética universal, mas na hora da expressão de cada grupo ou indivíduo, os valores se modificam bastante. Belos e atraentes. Isto todos querem ser e para ter sucesso nesta empreitada, talvez seja necessário espetar um pino na língua, escarificar o corpo ou colocar mil argolas nas orelhas... Não importa, o objetivo é o mesmo. Como criticar o piercing dos mais radicais se as mais "normais" e "comportadas" se enchem de próteses nos seios e inflam os lábios com injeção de gordura?

Como condenar tatuagens nos mais jovens se as mais velhas puxam tanto os olhos, ficando mais parecidas com iguanas. Um brilhante no nariz ou duas bolas de basquete nos peitos? Você decide. Ou sua tribo ajuda você a se decidir. Tribos existem desde que o mundo é mundo. Africanos, índios, côrtes da nobreza, lutadores de jiu-jitsu, gls e gays... Os celtas não colocavam uma espécie de sabão em seus louros cabelos, espetando-os para o alto, na tentativa de parecerem mais temíveis aos olhos de seus inimigos? Pois é, um gel da época do Rei Artur. Aliás, Morganas e modernos druídas rolam, aos montes, por aí. Exibindo cabelos azuis, rosa ou cenoura, parecem bem contentes com seus visuais.

Saia na noite clubber e veja quantas sacerdotisas, quantos mod e cyber looks. Muita gente já nasce cyber. Nem precisa ser digitalizada ou recorrer a efeitos especiais. Já estão prontos. E quer saber o que eu acho? Eu acho é ótimo. Quanto mais fora dos padrões, melhor. São o resultado de uma incontrolável vontade de expressão. Modernos usando Miu-Mius e Pradas ou modernos usando marcas do M.M.M? Looks abstratos ou os novos "fauvistas" fashion? Não importa. Tudo faz parte da diversidade biológica. Mas pode chamar de fauna mesmo. Fauna fashion ou não. Dá no mesmo, não acham?

Parceria, uma estratégia

"Nossa imagem externa é nosso mensageiro,
uma declaração pública."
Gianni Versace

Uma importante parceria foi criada em meados de 2003: a Abest, Associação Brasileira de Estilistas, reunindo Alexandre Herchcovitch, Amir Slama (da grife Rosa Chá) e Walter Rodrigues, com a parceria da APEX (Agência de Promoção de Exportações do Brasil), ligada ao Ministério do Desenvolvimento. Segundo Slama, numa reportagem da revista Carta Capital, através da Associação, a APEX tem patrocinado 50% dos custos de desfiles dos associados no exterior. Herchcovitch afirmou que, com a parceria, pode investir mais na divulgação internacional de suas marcas.

Desse modo, os eventos é que ganham notoriedade. Com parcerias e patrocínios que unem a imagem do evento de moda a outras do mesmo segmento ou de diferentes setores, como de bens e serviços, os estilistas e designers de moda podem pensar numa continuidade de seu trabalho.

Da mesma forma, os licenciamentos tornam-se outra forma de parceria. Os estilistas e designers de moda nacionais, aos moldes dos internacionais, divulgam suas grifes através de acessórios e perfumes fabricados por outras empresas. Cuecas, meias, sandálias, sapatos, óculos, joias, perfumes e até roupas de cama e objetos de decoração são os itens mais licenciados. Alexandre Herchcovitch, por exemplo, teve o contrato com a Close Up no desfile em 2003. Para confirmar a parceria na mídia, usou o fio dental da empresa para costurar uma bolsa que foi usada no desfile da grife.

As parcerias acontecem com frequência na moda, diminuindo custos e agregando valores. Através da imprensa, pode-se ver que as indústrias de jeans têm investido em acordos com estilistas. Alguns exemplos: a grife M.Officer fez parceria com a Santista em 2000, e com a Vicunha, em 2002; a Tecelagem São José fez os jeans para Ronaldo Fraga, em 2002; a Vicunha, desde 2003, fabrica os jeans para Zapping; a campanha outono-inverno 2003 da Ellus teve o apoio da Canatiba Jeans, e a Santana Têxtil realizou os desenvolvimentos dos jeans para o inverno 2004 para os estilistas Fause Haten, Mario Queiroz e Lino Villaventura e, em 2008, com Ronaldo Fraga.

Anúncio Santana Têxtil [4]

M.Officer/Vicunha – Release Inverno 2001

[4] Revista World Fashion Daily, São Paulo: Link Editora, edição especial out./inv. 2004.

Anúncio Amni Rhodia com os estilistas escolhidos como parceiros[5]

As edições dos eventos do Calendário Oficial da Moda Brasileira – como São Paulo Fashion Week, Fashion Rio, Amni Hot Spot, Dragão Fashion – consolidaram o conceito de que participar como patrocinador do evento ou como um empresário de moda é uma estratégia de marketing tão eficiente quanto a criação de um slogan ou a veiculação de um comercial para o posicionamento de marcas e produtos de indústrias que aparentemente nada têm a ver com a moda.

[5] Revista World Fashion. São Paulo: Link Editora, julho, 2003, p. 23.

Parceria Vicunha/Zapping

O posicionamento de mercado e o retorno com a cobertura na mídia são os principais fatores de atração para os patrocinadores. As tecelagens Vicunha, Hering, Rhodia (Amni), lojas Riachuelo e C&A, sandálias Grendene (Melissa) e Havaianas, os produtos de beleza L'Oreal, Nivea e Natura, bebidas Coca-Cola e Nova Skin, serviços Federal Express, telefones Samsung, telefônicas Vivo e Oi são alguns dos patrocinadores que vêm dividindo os espaços dos eventos de moda brasileiros.

Os eventos geram informações que são divulgadas pelas diversas mídias. As empresas, através de suas assessorias de imprensa, comunicam-se diretamente com as redações para informar as novidades, como o exemplo da Zapping, em parceira com a indústria têxtil Vicunha, no São Paulo Fashion Week, edição primavera-verão 2003/2004.

Release da coleção da Zapping impresso no jeans da Vicunha:

Texto do release

A Zapping vive um momento muito importante na sua trajetória. Após 3 temporadas ausente do SPFW ela volta energizada e recicliada com ideias audaciosas e um novo conceito de desenvolvimento de produto.

Do rico processo resultante da inevitável reflexão das referências e valores surge uma poderosa aliança que irá incrementar os novos caminhos da marca. A partir dessa data, a Zapping passa a ser "powered da Vicunha".

Desta fusão onde conhecimento e tecnologia são matéria prima, produziremos a energia necessária para criar linhas de produtos diferenciados com nível de competitividade global. E isso já está acontecendo e poderá ser visto em passarela os primeiros sinais desse pacto pelo índigo, pela soberania do jeans.

Estar alinhado com as exigências de um mercado globalizado é que sustenta essa aliança e nos encoraja a não se conformar com os limites imaginários dos pessimistas. A ideia é estar buscando o novo a todo o instante e privilegiar a forças de duas grandes indústrias de moda desse país.

Zapping e Vicunha irão determinar um novo caminho das parcerias e convidam a todos, em nome da grandeza e do potencial desse país, participar do espetáculo do crescimento que o universo da moda brasileira já vivencia e desfruta. A união encurta caminhos e engrandece processos. Que o diga SPFW, o maior evento da moda da América Latina, que explicitamente é fruto desse princípio e mola propulsora da cadeia têxtil.

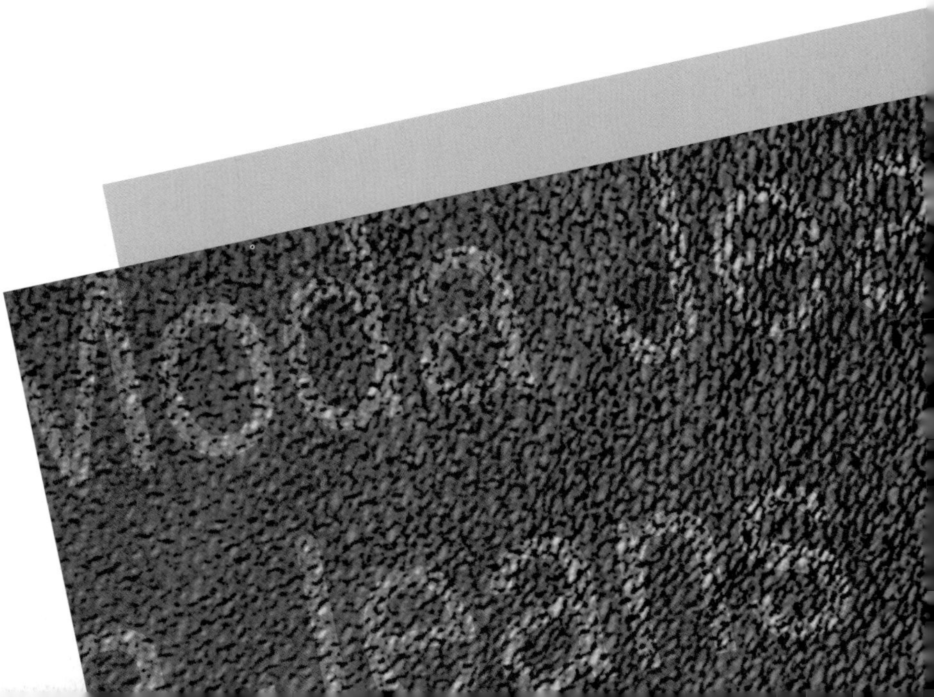

Consumo e mídia

"De consumidor de espetáculos nos tornamos produtores de espetáculos."

Yan Jung Im

A evolução dos processos industriais e da sociedade trouxe uma diversidade muito grande de produtos e a necessidade do marketing segmentado. É a subdivisão da grande massa de consumidores em grupos menores, norteados por critérios socioeconômicos. Hoje, o consumidor, além de segmentado por sexo, idade e classe social, deve ser selecionado por suas aspirações e estilos de vida. Assim, os modelos utilizados pelos anúncios publicitários preferem uma pessoa com atitude similar à do consumidor à imagem de uma bela modelo em um cenário de sonho.

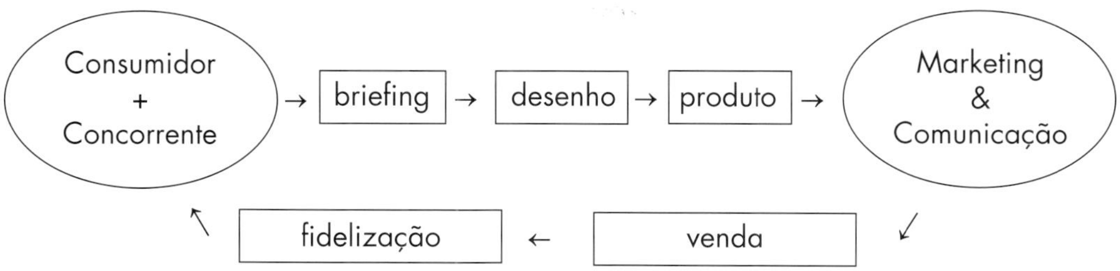

No processo criativo, o indivíduo é o alvo e move o consumo, num jogo dinâmico.

Os consumidores podem diferenciar seus desejos, recursos, atitudes e práticas de compra. Quaisquer dessas variáveis podem ser usadas para segmentar o mercado, definiu o pesquisador e escritor de marketing Phillip

Kotler. E é assim que vemos como o jeito de vestir da rua vem influenciando os estilistas e designers e invadindo as passarelas. A partir dos anos 90 eles proporcionam variedade, pluralidade, oportunidade de compor um guarda-roupa de acordo com as necessidades do consumidor.

Os meios de comunicação ajudam a introjetar o conceito de uma marca em nosso imaginário. Os líderes de opinião são os inovadores, já que buscam informação, se expõem socialmente, mantêm intensa comunicação interpessoal e têm capacidade de influenciar. Os líderes/formadores de opinião podem ser figuras populares ou celebridades levadas à divulgação pelos meios de comunicação de massa. Também podem ser integrantes do mesmo grupo social que provocam aprovação coletiva ou ainda a liderança que emerge de grupos subculturais (tribos) que atingem o mercado do vestuário. É a moda que vem das ruas e se incorpora aos estilos das marcas.

Na Teoria Microeconômica alguns conceitos e instrumentos estão intrinsecamente ligados ao Marketing, como a relação de valor (troca de valor por valor), os princípios de utilidade (de forma, tempo, lugar, posse), a relação entre oferta e demanda e a elasticidade de preço.

Assim sendo, o marketing lança suas estratégias como garras e, através delas – entre as quais, a publicidade –, impulsiona uma corrida para captar a atenção dos consumidores, não só para o novo, o inédito, mas também para atingir as convenções sociais, religiosas, a memória grupal e o desejo individual.

A sociedade consumista quer novidades, e a indústria, para não perder a participação no mercado, precisa inovar no produto e também na comunicação. O comportamento motivacional dos indivíduos é explicado pelas necessidades humanas. Essa motivação é resultado de estímulos que agem sobre os indivíduos, levando-os à ação. O consumo é uma das características das sociedades ocidentais capitalistas que, motivadas ou estimuladas por necessidades internas ou externas, buscam a satisfação de seus desejos.

Kotler mostra quanto é importante essa teoria para o profissional de marketing para que ajuste os planos, metas e vidas dos produtos, tendo em vista o consumidor potencial.

Momentos na mídia

"No ato de vestir, a aparência sobrevive ao uso, e a existência da mídia tornou todas as figuras efêmeras mais palpáveis e reais."
Anne Hollander

O crescimento dos meios de comunicação se deve, em parte, às pesquisas de mídia, às informações das matérias compatíveis com os desejos do público. A comunicação potencializa a sensação, acelera as mudanças e aumenta o interesse pelo assunto.

Revistas Moda Brasil, Editora Globo [6]

---

[6] Revista Moda Brasil, Editora Globo, n. 25, janeiro 1987, e n. 31, julho 1987.

Revistas Moda Brasil, Editora Globo[7]

A mídia difunde e legitimiza as escolhas. Enquanto a publicidade informa, o jornalismo se encarrega de imprimir opinião.

O poder da mídia chega a persuadir o consumidor, com base na credibilidade das mensagens, humanizando a marca e dando-lhe um visual personalizado. É a cultura das mídias com linguagem, valores e ritmos obtidos pela criatividade para atingir a comunicação como um todo.

No trajeto informativo, podemos destacar que toda mensagem comporta um ponto de emissão, um canal de transformação e um ponto de recepção. Na moda, vemos, por exemplo, que o canal de transformação pode atingir uma complexa mistura de elementos culturais, que Michel

[7] Revista Moda Brasil, Editora Globo, n. 40, julho 1988, e n. 436, janeiro 1988.

Mafesolli denonima "enraizamento dinâmico", quando, por exemplo, um terno com colete combina com o quimono no guarda-roupa de um empresário japonês.

Completando essa explicação, em "Sintaxe da Linguagem Visual", Donis A. Dondis afirma que, para associar as estruturas verbal e visual, buscam-se três níveis distintos e individuais: o input visual (sistemas de símbolos), o material visual (identificado no meio-ambiente e que pode ser representado) e a estrutura abstrata (seja natural ou resultado de composições para efeitos intencionais).

Muitas grifes brasileiras já buscaram misturar essa comunicação dupla através de catálogos especiais, editados como livros com capas duras, como os das marcas Ellus, Zoomp, M.Officer, Maria Bonita e Jum Nakao.

Livro 15 anos de USTOP[8]

Catálogo Levi's 150 anos[9]

[8] 15 Anos USTOP. Divisão Jeans da São Paulo Alpargatas, 1989.

[9] Catálogo de aniversário da Levi's mostrando contemporaneidade aos 150 anos (07/2003).

A teatralidade da moda e do comportamento faz sensação na vida social e acontece nos meios de comunicação. A moda constrói o corpo, e o corpo constrói a moda. A elaboração de um figurino, para qualquer que seja a mídia, inicia-se com a construção da forma psicológica do personagem que vai representar. A elaboração do estilo será a identidade visual proposta, fruto de pesquisa de tecidos, roupas e acessórios, estudo da linguagem do figurino x expressividade do corpo, com significado de uma estética simbolista e ideológica – ligação entre público, representação e realidade.

O figurino vai acompanhar os códigos de comportamentos dos personagens e os códigos das roupas, que podem, através de suas cores e formas, ser silenciosas, rebeldes, jovens, tristes, dramáticas, exóticas etc.

Para a figurinista, historiadora e fashion-designer Emília Ducan, o figurino é uma narrativa-chave para a caracterização do personagem. Buscando um exemplo na televisão, mais especificamente na maneira de vestir dos personagens de uma novela, nota-se como certos figurinos provocam o desejo dos consumidores.

Um dos momentos mais comentados pela mídia foi o da participação da atriz Sonia Braga na novela "Dancing Days", de Gilberto Braga, em 1978, para a TV Globo. O figurino assinado por Marília Carneiro, destacando as roupas de cetim com meias de lurex usadas com sandálias altas, fez sucesso nas discotecas. A TV começava uma trajetória de incrível influência sobre o estilo, a moda e o comportamento no país, o que teria momentos culminantes nas novelas "Água Viva" (1980) e "Roque Santeiro" (1985), lembra Érica Palomino.

A publicidade observou esse nicho de mercado, e a novela "Água Viva", em 1980, também de Gilberto Braga, foi a primeira a introduzir o merchandising nos capítulos – abrindo espaço a uma nova mídia dirigida na televisão.

Reforçando clichês através dos papéis dos atores, o marketing incentiva o consumo através do comportamento dos personagens, cujas narrativas fazem referências a fatos reais do cotidiano das cidades.

"O mais comum na cultura midiática atual são os textos mistos, que reúnem texto verbal e imagens, sistemas sonoros (ruídos e sons musicais), presentes nos sistemas da comunicação contemporânea", ressalta Kathia Castilho no livro "A Moda do corpo, o Corpo da moda".

As novelas têm a capacidade de atrair muitos espectadores, de várias faixas etárias e classes sociais, inclusive os homens. Mas as estatísticas demonstram que 60% do público das telenovelas é composto por mulheres. No texto sobre a telenovela como consumo e gênero a doutoranda em Antropologia Heloisa Buarque de Almeida lembra que, pelo fato de serem feitas para mulheres, as novelas tornam-se ainda mais atraentes para os anunciantes, pela manutenção de uma associação entre mulher e consumo. As novelas apresentadas em horários nobres são responsáveis pelo espaço publicitário mais caro da televisão brasileira. Mas os publicitários afirmam que vale a pena, pois atinge um público muito maior que pode tornar-se um consumidor potencial.

As telenovelas vendem bem qualquer produto porque elas têm sempre uma imagem consumista. As mensagens despertam nos telespectadores desejos por casas bonitas, roupas da moda, joias, bebidas, celulares, sons sofisticados, carros e motos, enfim, estilos de vida.

A divulgação da moda é múltipla e atua em incontáveis veículos e títulos que dão publicidade às empresas. As imagens de moda são linguagens estéticas que valorizam a produção através da fotografia e do vídeo. Essas imagens têm um efeito plástico, traduzem a mítica das marcas e constroem o personagem ideal com atitudes cotidianas, num mundo utópico. Sem revelar verdades ou falsidades eternas, abrem signos, quando interpretadas dentro de seu contexto.

Quer sejam fotos para divulgação do produto ou para sofisticados catálogos, as grifes brincam entre a imagem e o imaginário como um diálogo entre o espectador e o produto, dirigindo os focos de identidade, juventude, luxo, esporte, lazer, humor, despojamento, identificação, vida urbana, profissional, social, tribal, noturna. E, pelo que vemos no mercado, o jeans esbanja essas identificações em seus catálogos, folders, outdoors e mesmo nas fotos que acompanham os releases (informações enviadas aos jornalistas) das coleções.

O poder da moda é mostrado na mídia como na passagem do corpo abstrato para o corpo real. O corpo é foto, filme, texto, pintura, desenho, espetáculo. Um modelo, ao se expor à mídia, não está só vendendo o produto que está exibindo. Através dos mecanismos de projeção e identificação existe um momento mítico do ritual que compartilha o corpo com a linguagem do parecer – uma comunicação, um relacionamento e ao mesmo tempo a própria linguagem do produto.

Filmes, desfiles, fotos e slogans provocam ressonâncias estéticas, emocionais e existenciais, a que Lipovetsky se refere como uma espiral do imaginário, que corresponde ao perfil da individualidade pós-moderna.

A moda propõe um corpo ideal encarnado (o da manequim, da moça da capa das revistas de moda), um paradoxo em sua função estética, pois não se trata de um belo corpo, é uma estrutura, submetida a regras canônicas plásticas. Por isso mesmo a roupa pode ser vista como um dos itens prediletos de negociar com o imaginário.

Do mesmo modo que a moda individualiza a aparência dos homens, a publicidade personaliza a marca. Buscando valorizar o produto, a publicidade cria uma ambiência especial, na harmonia plástica da fotografia – uma imagem arquitetada como linguagem. Para o filósofo Umberto Eco, na corrida à imitação, a publicidade esvazia as escolhas de seu significado primitivo. Isso é válido na moda, já que os códigos são flutuantes e podem ser uma afirmação ou um signo de pretensão social.

Gilles Lipovetsky define que, na ordem da comunicação, se a moda é o feérico das aparências, não há dúvida de que a publicidade é o feérico da comunicação. Da mesma maneira que a moda não pode ser separada da estetização do indivíduo, a publicidade funciona como cosmético da comunicação.

Como os corpos ideais são decretados praticamente a cada ano, o consumidor utiliza os artifícios da moda para que possa transformar-se e chegar a fazê-lo significar o corpo ideal da estética daquela estação.

O desejo é satisfeito pela indústria que oferece, por exemplo, sutiãs que aumentam os seios ou meias modeladoras. Na beleza, os apliques, as colorações de cabelos, as maquiagens e até as tatuagens são utilizados como marcas de identidade e podem ser considerados sistemas de vínculos.

Seja na publicidade (mídia paga) ou no editorial (mídia espontânea), em moda, a forma desejável de cada momento é mostrada e contada com ilustrações e fotos, caracterizando uma atitude, num momento, em uma época. Para se ter uma ideia da força do jeans na mídia, em cinco revistas da Editora Abril, foram constatadas 2.083 citações do tecido em matérias de economia e moda, citando grifes, modelos, beneficiamentos, hábitos, lançamentos e promoções, no período do início de 2000 a 31 de janeiro de 2008.

Revista ESTILO	891 resultados
Revista Veja	639 resultados
Revista ELLE	344 resultados
Revista Manequim	219 resultados
Revista Exame	200 resultados

No processo da comunicação, as primeiras imagens narrativas divulgadas eram elaboradas pelos pintores, seguidos de gravadores, depois retratistas e ilustradores.

Até o início dos anos 60, os anúncios e as informações de moda eram produzidos com ilustrações – uma linguagem que, como as diversas formas de arte, descreveu o papel do homem nas sociedades, em diferentes épocas. A fotografia e depois todos os desenvolvimentos da tecnologia de imagem continuam a tarefa de perpetuar a história.

Anúncios publicitários dos anos 30, 40, 50[10]

[10] Anúncios. São Paulo (s/d) (disponível no site www.folha.uol.com.br/folha/almanaque/anuncios).

Ilustração com jeans, de Alceu Penna[11]

Alceu Penna foi um dos mais importantes ilustradores no Brasil, trabalhou na revista O Cruzeiro nos anos 50/60 e ficou conhecido como "o caricaturista da circunstância", pois instigava novos comportamentos com suas ilustrações consideradas provocativas para a época.

A ilustração voltou a ser uma das formas de linguagem utilizadas na divulgação das grifes.

[11] www.folha.uol.com.br/folha/almanaque/alceupenna

501
2 A DAY
501

Calças Levi's – coleção 2008

O vestuário firma seu papel de máquina criadora de imagens populares e comerciais, e a publicidade explora a sequência de imagens da moda. As peças já têm sua função definida. O que muda é o jogo visual.

Quanto mais agradavelmente são repetidas, mais as imagens de produtos e serviços se tornam desejáveis e ficam dispostas a uma imitação instantânea, seguida de modificações rápidas, lembra Anne Hollander.

No caso de cantores e atores de personagens que se tornam mitos, embora sejam a música e a interpretação o que dá início à popularidade, não é ele (indivíduo) que representa, mas suas milhares de imagens que, distribuídas nos meios de comunicação, dão vida e alimentam a febre por sua aparência. Essa é uma função mítica, de ampla informação sobre variedade e qualidade do vestuário usado no mundo todo. A visão forma julgamentos e formação de pontos de vista sobre as roupas das figuras públicas.

Sob uma visão na área psicanalítica de Carl Jung, a publicidade de moda tenta acalmar o temor dominante da autorrevelação do inconsciente. Ela lisonjeia os leitores e lhes passa autoconfiança. Os símbolos são produzidos espontaneamente pelo inconsciente, apesar de poderem, posteriormente, ser elaborados conscientemente. As marcas de produtos não são símbolos, mas sinais conscientemente planejados.

Seguindo nesta linha de raciocínio, o jeans sempre está presente em revistas, jornais, televisão, shows, passarelas, outdoors, peças de teatro, vitrines e cinema – mesmo que esteja num campo neutro na composição do visual. De acordo com cada personagem, ele se representa através de uma marca que entra no código da linguagem da moda como signo.

Esse conceito, analisado sob a ótica da comunicação (e comercialização) da moda, prova que existe uma grande intimidade entre o jeans e o espírito da sociedade contemporânea. Nas campanhas de publicidade, tudo que tem a intenção de parecer jovem tem o jeans como elemento de destaque. Por isso ele aparece nas peças que anunciam refrigerantes, cigarros, carros e agora, com o jovem no mercado de trabalho, também nas campanhas de seguros e bancos.

O antropólogo italiano Massimo Canevacci, em um seminário na Escola de Comunicações e Artes da USP, afirmou que "a sociedade industrial tinha sua produção calcada no material, enquanto, na sociedade pós-moderna, a produção é essencialmente imaterial". Para ele, o que importa são os valores comunicados pelas novas tecnologias da comunicação. Mas, apesar da velocidade da internet, a mídia é lenta e limita-se a reproduzir os estereótipos.

A proposta do antropólogo é analisar a moda e tudo o que há para desconstruir os estereótipos que nela surgem. Assim, as consequentes transformações agregam novos sentidos e novos valores – uma relação regulada pelo jogo do ser/parecer. Consequentemente, esse jogo articula diferentes tipos de discursos: político, poético, amoroso, agregador e hierárquico.

Assim, as transformações, no conceito de moda, são evidentes. No pós-modernismo, o sistema é fluido, líquido, pois não há raízes, e as modificações são constantes – o que a torna comercialmente viável. Para renovar esse fluxo realmente líquido, o trinômio ideal é unir moda, comunicação e artes.

Canevacci prevê que, projetando para o futuro, mais que se debruçando sobre o presente, a história da moda deixará de ser estática para se tornar plural, se os designers desenvolverem pesquisas etnográficas com a inteligência artificial dos computadores e as novas tecnologias têxteis.

Transpondo esses conceitos para os projetos de designers com jeans atuais, destaca-se como ponto de partida o marketing, que tem o olhar sobre o consumidor e seus desejos. Depois de identificar o comportamento do consumidor e mensurar a demanda, é estudada a estratégia do lançamento do produto para atingir os objetivos do mercado.

Guia de presente Toulon – Natal de 2008

Anúncio jeans para gestante, loja Mom's

As formas de divulgação de uma marca promovem o encontro do consumidor e da mídia. E é mais do que isso. Paulo Borges, promotor do São Paulo Fashion Week – SPFW, no Seminário "O Negócio da Moda", em 2006, afirmou que o evento determina o calendário de moda no país e que os organizadores das semanas de moda americana, francesa, inglesa e italiana já reconhecem o design nacional como gerador de marca e de valor agregado ao produto brasileiro.

O SPFW gera conteúdo artístico, através dos designers nos espetáculos e mostras. Também é gerado conteúdo editorial nas mais diversas mídias e conteúdo acadêmico – quando ajuda no surgimento de cursos livres de moda com os 10% da receita do evento destinados a um fundo de apoio aos designers, segundo Borges.

O desfile é, então, um dos mais emocionantes e importantes meios de divulgação de produtos de uma grife. É o momento de despertar o desejo do público e a atenção dos fashionistas, formadores de opinião, da área acadêmica e da imprensa.

Como cartão de visitas, a vitrine é o outdoor de qualquer comércio. Minimalista, conceitual, institucional, cenográfica ou fashion, a vitrine é fruto de um processo criativo que busca manipular uma emoção estética que a marca quer passar aos consumidores.

Expressão, iluminação e situação são fatores que nos levam à interpretação de uma obra de arte. A vitrine é uma moldura de um quadro com um espaço a ser composto. Os conhecimentos de técnicas de ritmo, dimensão, equilíbrio, simetria, forma, cor e contraste são necessários para a dimensão da arte. Para o conjunto da obra, a vitrine pode utilizar objetos não convencionais que reportem o observador/consumidor para uma narrativa atual ou para a memória afetiva. Ao criar um cenário de ilusão, estão inclusos o gosto, o perfil, a vivência, o conhecimento e a novidade que o consumidor espera. A vitrine é então uma experiência estética na busca do novo.

Tudo, porém, extrapola a moda. A partir da vitrine, surpreendemos o consumidor. É preciso muito mais do que uma mera peça de roupa para fazer com que o consumidor se entregue a uma marca de moda.

A partir dos sentidos – visão, audição, tato e olfato – se produzem as sensações que levam o cliente para dentro da loja e com elas se ganha sua permanência. Em relação à montagem da vitrine, o ver e o sentir devem trazer à tona o ser e o parecer, a ilusão e a magia do momento.

Assim, com o olho no consumidor, hoje existe a segmentação do consumo, e a mídia provoca a procura pelo novo, o que instiga as marcas a reorganizarem seu visual como um todo: marca, logotipo, papelaria, vitrines, ambientações e o mix de produtos. Como o mercado de moda trabalha com a obsolescência programada – o produto tem a vida útil curta –, a empresa tem de ser veloz, saber a relação da roupa com o vestuário e as tendências estéticas vigentes.

Essas práticas já estão sendo incorporadas pelo varejo. Caracterizado com um elemento do "parecer jovem" nas lojas de jeans, vemos que o ambiente está preparado com elementos perspectivos – decoração, luzes, som e odores, além dos atendentes com o perfil dos consumidores – que envolvem o clima para mostrar os visuais criados de acordo com o público-alvo.

Canais em desenvolvimento

"A moda obedece ao imperativo capitalista de gerar desejos sempre novos entre clientes potenciais, em lugar de atender exclusivamente as necessidades pré-existentes."

Hans Ulrich Gumbrecht

A geração de desejos ajuda a moda a ser dinâmica e conquistar um mercado globalizado. Com a temporalidade em que a moda atua, suas regras econômicas são diferentes de produtos de outros segmentos e fazem o preço flutuar rapidamente. A mesma roupa "entra na moda", "está na moda" e "sai de moda" durante a temporada de liquidação. Assim, a moda funciona por meio de um código de inclusão e exclusão, como explica Gumbrecht no texto "Dialética das Passarelas".

Para conquistar ou manter um espaço dentro de um mercado cada vez mais competitivo – como é o da moda – as empresas precisam conhecer os comportamentos e tendências de consumo, observar a evolução estética e das novas sensibilidades e agir com rapidez nas comunicações, produzindo, reproduzindo e difundindo imagens.

A mídia comunica um conceito – que é o importante caminho para a diferenciação – e transmite ao consumidor valores conceituais e emocionais da marca. Nesse jogo lúdico e camuflado, as roupas estão carregadas de simbolismos. Quanto mais eficiente for essa comunicação, maior será a projeção no mercado, valorizando o produto e, muitas vezes, elevando seu preço.

Uma das mídias mais conhecidas na moda é a gerada pelos desfiles, que são apresentações estéticas formatadas por modelos que mostram as roupas e acessórios plasticamente, divulgando o conceito da grife. O desfile reúne textos visuais com articulações têxteis e cromáticas, efeitos de sentidos e som. A moda sportswear invadiu os desfiles – onde o jeans tem presença marcante –, um espaço que era da alta-costura, otimizando as apresentações e aproveitando essa mídia para povoar o imaginário do consumidor.

As fotos produzidas para as campanhas de publicidade devem transmitir mensagens de desejos do consumidor – sejam desejos intangíveis (características que estão associadas ao produto) ou desejos de pertencer ou se diferenciar através do produto anunciado. As palavras de moda são transformadas de acordo com a estratégia da marca e manipuladas para serem conhecidas, ou mesmo manterem o status, num mercado competitivo como é o de moda.

Desse modo, além de as imagens serem impressas em revistas, jornais e catálogos, a moda ganha espaço também nos grandes painéis nas ruas mais movimentadas das cidades: os outdoors. Eles informam, em papel colado, tela, tecido ou eletronicamente, os substratos de mensagens que devem ter leituras rápidas. Redes de lojas de departamentos, como C&A e shoppings investem em mídia/outdoor, assim como algumas grifes que escolhem os painéis dando ênfase à dimensão semântica – e, em geral, destacam o jeans.

Inusitado ou convencional, para Marcelo Sebá – diretor de marketing da grife Diesel no Brasil –, em entrevista para a revista WF Varejo, o outdoor, apesar de ter formato ingrato, é uma mídia muito eficiente. Depois da TV aberta, é, provavelmente, a de maior impacto. O outdoor funciona mais institucionalmente quando a marca tem algo importante e momentâneo a comunicar.

Só na cidade de São Paulo, em 2007, havia cerca de quatro mil pontos de exibição autorizados, segundo Pedro Cintra, da Central de

Outdoors, o que auxilia a segmentação geográfica desejada pelo anunciante. Para ele, o outdoor é marca da rua. Ellus, M.Officer, Triton, Vide Bula, Taco, Toulon e Zoomp são algumas grifes de moda que utilizam o outdoor como uma das mídias para reforçar a imagem de suas campanhas. Essas imagens têm de ser muito bem escolhidas, pois, apesar de reproduzirem a estética da grife através das exposições de modelos em atitudes congeladas na fotografia, é complicado expor uma marca na poluição visual que os espaços urbanos alcançaram.

A moda tem a qualidade mágica de incorporar o que há de mais atualizado em comportamentos, tecnologias e culturas, tornando-se um dos principais canais do mundo globalizado e se afirmando como o centro da troca, da comunicação e da transformação. A internet é o mais novo espaço desse tipo de comunicação. No site de busca Google, por exemplo, no início de 2008, a pesquisa à moda jeans exibia aproximadamente 501 mil itens relacionados. No mesmo período, no site de relacionamento Orkut, havia mais de mil comunidades em torno do jeans, variando de cinco mil a 68 mil membros em cada uma.

Mas a internet é mais do que um canal de informação. O varejo virtual de moda ainda é inexpressivo devido às resistências, tanto do consumidor, que ainda não adquiriu o hábito de comprar on line, como do próprio empresário, que ainda não aceitou o balcão virtual. Mas uma coisa está certa para Joseph Cohen, diretor da Bruno Minelli: "As marcas sem site são marcas incompletas".

É uma mudança de comportamento. A compra pela web representa uma ruptura para o consumidor, assim como, nos anos 50, dizia-se que era um absurdo comprar roupa pronta.

O Programa de Administração do Varejo, PROVAR, do Centro Brasileiro de Estudos do Mercado de Consumo e Bens de Serviço, realizou uma pesquisa em 2003 sobre como o consumidor se relaciona com o canal de venda tradicional e a internet. Os produtos mais vendidos são CDs e livros. Como pontos positivos da internet estão: a possibilidade de comparar preços, a flexibilidade de horários e as promoções vantajosas on line. Como aspecto negativo surgem a quebra de comportamento e a impossibilidade de provar a mercadoria.

Segundo as informações coletadas no PROVAR, um aspecto relevante é o do relacionamento do consumidor com os sites das empresas. Esse processo faz parte da lógica pessoal do consumo, que é emocional.

Enquanto muitas marcas já têm lojas virtuais, a maioria aposta, como mídia de seu produto, num site – com estrutura leve, de fácil navegação, projeto gráfico que permita a identificação rápida do estilo da marca e do público, e atualizações frequentes. Na área da comunicação, além dos sites das empresas, os releases eletrônicos, enviados para a imprensa, ganham especificidade – com fotos de produtos, serviços e até publicações como informativos e catálogos.

O consumidor é atingido, ainda, por empresas de e-marketing, que criam peças publicitárias para a mídia virtual, planejam campanhas e as hospedam em servidores de domínio próprio, gerenciando os e-mails dos clientes.

Gestão de marcas

"Programada no ritmo da circulação do capital.
Motor da sociedade tecnoindustrial,
a moda vestimentar é um dos produtos de troca e de investimentos simbólicos da contemporaneidade."
Ana Claudia M. A. de Oliveira

As marcas de moda brasileiras entraram no novo milênio num processo semelhante ao que ocorreu na Europa na década de 80, quando surgiram conglomerados como o LVMH (Louis Vuitton, Moët e Hennessy) e, posteriormente, a PPR (Pinault-Printemps-Redoute). São *holdings* que acumulam grifes com sinergia entre si e são complementares, sem perder o respeito ao estilo e à individualidade de cada marca.

Na virada do ano 2000, para o pesquisador Dario Caldas, houve um grande amadurecimento da produção nacional, com ganhos expressivos na qualidade das peças e no design – o que explica o faturamento no setor têxtil, que em 2007 atingiu US$ 34.6 bilhões, o que representa 3,5% do Produto Interno Bruto (PIB), segundo a Associação Brasileira da Indústria Têxtil, ABIT. As exportações somaram US$ 2.4 bilhões nesse ano, e o Brasil passou a ser o sexto maior produtor têxtil do mundo.

A chegada dos fundos de investimento ao setor de moda provoca uma revolução – um novo desafio para o posicionamento no mercado financeiro, tornando cada marca um negócio mais dinâmico e rentável.

Os objetivos das *holdings* são empresariais: desenvolver maior profissionalização do setor, administrar negócios em bloco, buscar expansão internacional da marca e ter capital aberto.

A *holding* internacional LVMH – que detém mais de setenta marcas – investiu no mercado do superluxo, enquanto as experiências da gestão das grifes brasileiras têm o sportswear como foco de negócios. E o jeans é o artigo presente em todas as grifes negociadas.

A identidade da marca, quanto ela é conhecida, admirada e desejada, é fator essencial para o cálculo do valor de uma grife. Esses conceitos que parecem abstratos são, na verdade, o resultado da construção da dinâmica dos negócios, exibição na mídia e a conquista de clientes potenciais.

Etiquetas dos anos 80

Anúncios de empresas de jeans

Bibliografia

ALCÂNTARA, Mamede. *Terapia pela Roupa*. São Paulo: Editora Mandarim, 1996.

BARTHES, Roland. *Sistema da Moda*. 5ª edição. São Paulo: Companhia Editora Nacional, 1979.

BENSTOCK, Shari e FERRISS, Suzanne. *Por dentro da moda*. Rio de Janeiro: Editora Rocco, 2002.

BILAS, A. *Teoria Microeconômica*. Rio de Janeiro: Forense-Universitária, 1973.

BRAGA, Humberto; BOECHAT, Walter; ULSON, Glauco; CARDOSO, Heloísa; BOECHAT, Paula Pantoja e SALLES, Carlos Alberto Corrêa. *Mitos e Arquétipos do Homem Contemporâneo*. 2ª edição. Vozes.

CALDAS, Dario. *Universo da moda*. São Paulo: Anhembi Morumbi, 1999.

CASTILHO, Kathia. *A Moda do corpo, o Corpo da moda*. Kathia Castilho e Diana Galvão. São Paulo: Editora Esfera, 2002.

CASTIHO, Kathia. *Moda e Linguagem*. São Paulo: Anhembi Morumbi.

CATOIRA, Lu. *Jeans, a Roupa que Transcende a Moda*. Aparecida: Idéias e Letras, 2006.

DE CARLI, Ana Mery Sahbe. *O Sensacional da Moda*. Caxias do Sul: EDUCS, 2002.

DEMETRESCO, Silvia. *Vitrinas em diálogos Urbanos*. São Paulo: Anhembi Morumbi.

DESCHAMPS, Jean-Philipe; NAYAK, P. Ranganath. *Produtos Irresistíveis*. Rio de Janeiro: Makron Books, 1997.

DONDIS, Donis A. *Sintaxe da Linguagem Visual*. 2ª edição. São Paulo: Livraria Martins Fontes, 1999.

DOWNEY, Lynn; LYNCH, Gill e Noack, MCDONOUGH. *This is a Pair of Levi's Jeans*. São Francisco, Califórnia: Levi Strauss & Co. Publishing, 1995.

ECO, Umberto & SIGURTÁ, Renato & LIVOLSI, Marino & ALBERONI, Francesco & DORFLES, Gillo & LOMAZZI Giorgio. *Psicologia do Vestir*. 2ª edição. Lisboa: Assírio e Alvim, 1982.

EMBACHER, Airton. *Moda e Identidade*. 1ª edição. São Paulo: Editora Anhembi Morumbi, 1999.

FEATHERSTONE, Mike. *Cultura de Consumo e Pós Modernismo*. São Paulo: Nobel, 1995.

FEGALLI, Marta Kasznar e DWYER, Daniela. *As Engrenagens da Moda*. Rio de Janeiro: Editora Senac, 2001.

GARCIA, Carol e MIRANDA, Ana Paula. *Moda e Comunicação Experiências, Memórias e Vínculos*. São Paulo: Anhembi Morumbi.

HARRIS, Alice. *The Blue Jeans*. NewYork: PowerHouse Books, 2002.

HENDERSON, Joseph L. *Os Mitos Antigos do Homem Moderno* in JUNG, Carl Gustav. O Homem e seus Símbolos. 6ª edição. Rio de Janeiro: Nova Fronteira, 1987, p. 75.

HILFIGER, Tommy e KEPS, David. *All American. A Style Book by Tommy Hilfiger*. Nova Yok: Uiverse, 1997, p. 96.

JUNG, Carl Gustav. *O Desenvolvimento da Personalidade*. Ed. Vozes. 13ª edição, 1987.

JUNG, Carl Gustav. *O Homem e seus Símbolos*. 6ª edição. Nova Fronteira, 1987.

KOTLER, Phillip. *Administração de Marketing*. Ed. Atlas, 5ª edição, 1999.

LAVER, James. *A Roupa e a Moda.* 1ª edição. São Paulo: Companhia das Letras, 1989, p. 276.

LIPOVETSKY, Gilles. *O Império do Efêmero.* Companhia das Letras, 1989.

LIPOVETSKY, Gilles. *O Luxo Eterno.* Companhia das Letras, 2005.

LURIE, Alison. *A linguagem das Roupas.* 1ª edição. Rio de Janeiro: Editora Rocco, 1992.

MAFESOLLI, *O Tempo da Tribos. O Declínio do Individualismo nas Sociedades Modernas.* 1ª edição. Rio de Janeiro: Editora Forense Universitária, 1987.

MESQUITA, Cristiane. *Moda Contemporânea.* São Paulo: Anhembi Morumbi.

MULVEY, Kate e RICHARDS, Mélissa. *Feminin, L'image de la Femme 1890 /1990.* 1ª edição, Paris: Celiv, 1998.

OLIVEIRA, Ana Claudia. *Semiótica Plástica.* São Paulo: Hacker Editores, 2004.

PALOMINO, Érika. *A Moda.* 1ª edição. São Paulo: Publifolha, 2002, p. 37.

SABINO, Marco. *Dicionário da Moda.* Rio de Janeiro: Elsevier, 2007.

Santaella, Lucia. *Miniaturas.* São Paulo: Hacker/Caspuc, 1966.

SENAI. CETIQT. *Denin; História, Moda e Tecnologia.* Rio de Janeiro, SENAI/DN/CNP/q/IBICT, PADCT, TIB, 1994 (Série Tecnologia Têxtil).

STEELE, Valerie. *Fetiche. Moda, sexo e Poder.* Rio de Janeiro: Editora Rocco, 1996.

RÖHRING, Marianne Reinhardt. *Ciência e Cultura* – número 25 / FACET 03 (dez. 2001), Curitiba, Universidade Tuiuti do Paraná, 1994.

VINCENT-RICARD, Françoise. *As Espirais da Moda.* Rio de Janeiro: Editora Paz e Terra, 1987

Revistas

Interview. Inter Editora. Julho e dezembro 1979, maio 1981, fevereiro, março e julho 1982.

Moda Brasil. Editora Globo, revistas de 1978 a 1988.

Time. 23 novembro 2000.

Veja. Editora Abril, janeiro 2004, janeiro 2008.

World Fashion. Link Editora. Julho 2003, janeiro / fevereiro 2004/ março 2008.

WF + Varejo. Julho e dezembro 2003 / maio 2005 / dezembro 2007.

Sites

www.alpargatas.com.br
www.cedro.com.br
www.coloquiomoda.com.br
www.copodemar.com.br/existen.htm
www.consumidormoderno.com.br
www.dragaofashion.com.br
www.eca.uso.br/moda/persona/mc.htm
www.editoras.com/record/04679.htm
www.ellus.com
www.ferreiraguimaraes.com.br
www.folha.uol.com.br/folha/almanaque/anuncios
www1.folha.uol.com.br
www.guiajeanswear.com.br
www.lee.com
www.levis.com
www.marcosabino.com
www.mpbnet.com.br/musicos/jovem.guarda
www.mpbnet.com.br/musicos/tropicalia
www.provar.org
www.reciclaveis.com
www.santanatextil.com.br
www.santistatextil.com.br

www.saopaulofashionweek.com.br
www.terra.com.br
www.textilianet.com.br
www2.uol.com.br/tropicalia
www.usefashion.com.br
www.vejaonline.abril.com.br
www.vicunha.com.br
www.wrangler.com
www.wgsn.com
www.zapping.com

Impressão e acabamento
Gráfica e Editora Santuário
Em Sistema CTcP
Rua Pe. Claro Monteiro, 342
Fone 012 3104-2000 / Fax 012 3104-2036
12570-000 Aparecida-SP